용기를 내어 당신이 생각하는 대로 살아야 합니다.
그렇지 않으면 머지않아 당신은 사는 대로 생각하게 될 것입니다.
— 폴 부르제(프랑스의 시인, 철학자)

Il faut vivre comme on pense,
sans quoi l'on finira par penser comme on a vècu.
— *Paul Bourget*

Isabelle Kessedjian

프랑스에서 만난

코바늘 소품

손뜨개로 집 안을 꾸미는 25가지 아이디어

터닝
포인트

프랑스에서 만난 코바늘 소품

2013년 12월 27일 초판 1쇄 인쇄
2014년 1월 2일 초판 1쇄 발행

지은이	이자벨 케세지앙
옮긴이	임영신
감수	배정은
펴낸이	정상석
펴낸 곳	터닝포인트
등록번호	2005. 2. 17 제6–738호
주소	서울시 마포구 연남로 97–1 3층
대표전화	(02)332–7646
팩스	(02)3142–7646
홈페이지	www.diytp.com
ISBN	978–89–94158–50–1 13630
정가	14,500원
기획·편집	차슬아
그림도안	배정은
일러스트	홍수정
편집·표지 디자인	앤미디어

Direction éditoriale Guillaume Pô
Édition Julie Cot
Direction artistique Chloé Eve
Photographies Fabrice Besse
Stylisme Charlotte Vannier
Relecture, illustrations et leçon de crochet Marie Pieroni
Fabrication Marie Guilbert

내용 문의 diamat@naver.com
터닝포인트는 삶에 긍정적 변화를 가져오는 좋은 원고를 환영합니다.

참신한 상상력의 예술가, 이자벨 케세지앙은 어른뿐 아니라 아이들에게 그림과 갖가지 공예를 가르치고 있습니다. 그녀가 품은 또 하나의 열정은 바로 손뜨개입니다. 어릴 적 할머니로부터 손뜨개를 배운 뒤, 작은 인형이나 생활 소품들에 생기를 불어넣는 일을 계속해오고 있습니다.

이 책은 하나의 바람에서 시작되었습니다. 손뜨개에 새로움을 불러일으키는, 특히 일상 속 작은 즐거움들을 선사하고픈 바람에서입니다. 이자벨은 그동안 흔히 보아온 것과 달리, 손뜨개를 통해 얻을 수 있는 다양한 즐거움을 새롭게 발견하게 해줍니다. 요즘 유행하는 감각적인 색감의 실을 이용해 작은 조각품처럼 만들어내는 그녀의 작품들은 손뜨개라는 장르를 새롭게 해주었습니다. 현재도 다양한 형태를 실험하며 독창적이고 색다른 작품들을 소개하고 있습니다.

이자벨은 책을 펴내는 데 그치지 않고, 온라인상에서 '손뜨개 릴레이(Serial Crocheteuses)' 운동도 시작했습니다. 자신의 블로그에 매주 한 가지씩 도전 과제를 제시하며, 누구든지 자기 작품을 만들어 글을 올리고 참여할 수 있습니다.

블로그 주소 isabellekessedjian.blogspot.com

Sommaire 차례

La leçon de crochet

코바늘 기초

사슬뜨기, 기둥코 세우기

❶ 바늘로 실을 꼬아 고리를 만든 후, 바늘에 실을 1번 감아 고리 사이로 빼냅니다. 실을 당겨 매듭을 조입니다. 실 끝은 넉넉히 남겨두어야 작품을 다 뜬 후 실 끝을 잘 숨길 수 있습니다.

❷ 바늘에 실을 1번 감아 고리 사이로 빼냅니다. 이렇게 하면 사슬뜨기 1코가 만들어집니다. 원하는 사슬뜨기 콧수가 나올 때까지 ❷를 반복합니다.

짧은뜨기

❶ 바늘을 코에 넣습니다. 실을 1번 감아 코 사이로 빼냅니다.

❷ 다시 실을 1번 감아 바늘에 걸려 있는 2개의 고리 사이로 한 번에 빼냅니다.

짧은뜨기로 단뜨기 혹은 원형뜨기를 할 때는 항상 사슬뜨기 1코를 기둥코로 시작합니다(나선형 작품 제외). 이 기둥코는 콧수로 세지 않습니다.

이랑뜨기

반 코에 바늘을 넣어 짧은뜨기를 합니다.

빼뜨기

바늘을 코에 넣고 실을 1번 감습니다. 바늘을 넣은 코와 바늘에 걸려 있던 고리 사이로 한 번에 빼냅니다.

긴뜨기

❶ 바늘에 실을 1번 감습니다. 바늘을 코에 넣습니다. 실을 1번 감아 코 사이로 빼냅니다.

❷ 다시 실을 1번 감아 바늘에 걸려 있는 3개의 고리 사이로 한 번에 빼냅니다.

긴뜨기로 단뜨기 혹은 원형뜨기를 할 때는 항상 사슬뜨기 2코를 기둥코로 시작합니다(나선형 작품 제외). 이 기둥코 2코는 긴뜨기의 콧수로 셉니다. 다음 단에서 마지막 긴뜨기를 뜰 때는, 이전 단 기둥코의 2번째 코에 바늘을 넣어 뜹니다.

1길 긴뜨기

❶ 바늘에 실을 1번 감습니다. 바늘을 코에 넣습니다. 실을 1번 감아 코 사이로 빼냅니다.

❷ 다시 실을 1번 감아 바늘에 걸려 있는 처음 2개의 고리 사이로 빼냅니다.

❸ 다시 실을 1번 감아 바늘에 남아 있는 2개의 고리 사이로 빼냅니다.

1길 긴뜨기로 단뜨기 혹은 원형뜨기를 할 때는 항상 사슬뜨기 3코를 기둥코로 시작합니다(나선형 작품 제외). 이 기둥코 3코는 1길 긴뜨기의 콧수로 셉니다. 다음 단에서 마지막 1길 긴뜨기를 뜰 때는, 이전 단 기둥코의 3번째 코에 바늘을 넣어 뜹니다.

2길 긴뜨기

❶ 바늘에 실을 2번 감습니다. 바늘을 코에 넣습니다. 실을 1번 감아 코 사이로 빼냅니다.

❷ 다시 실을 1번 감아 바늘에 걸려 있는 처음 2개의 고리 사이로 빼냅니다.

❸ ❷를 반복합니다.

❹ 실을 1번 감아 바늘에 남아 있는 2개의 고리 사이로 빼냅니다.

2길 긴뜨기로 단뜨기 혹은 원형뜨기를 할 때는 항상 사슬뜨기 4코를 기둥코로 시작합니다(나선형 작품 제외). 이 기둥코 4코는 2길 긴뜨기의 콧수로 셉니다. 다음 단에서 마지막 2길 긴뜨기를 뜰 때는, 이전 단 기둥코의 4번째 코에 바늘을 넣어 뜹니다.

1길 긴뜨기 5코 팝콘뜨기

1코에 1길 긴뜨기를 5개 뜹니다. 고리에서 바늘을 빼서, 처음에 떴던 1길 긴뜨기 첫코 위에 바늘을 넣습니다. 조금 전에 빼낸 고리에 다시 바늘을 걸어, 바늘에 걸려 있는 코 사이로 빼낸 다음, 사슬뜨기 1코를 뜹니다.

단뜨기

단뜨기의 방향은 항상 오른쪽에서 왼쪽으로 진행하며, 각 단의 끝에서 다음 단으로 넘어갈 때 편물을 돌립니다. 편물을 돌릴 때는 실이 마지막 코 주위에 감기지 않도록 주의하며, 시계 반대 방향으로 돌립니다.

원형뜨기

편물을 돌리지 않고 중심 원(혹은 고리 매듭)을 따라 뜨는 방식입니다. 방향은 항상 시계 반대 방향으로 진행합니다. 경우에 따라서 원형뜨기의 각 단은 빼뜨기로 마무리하거나, 단을 마무리하지 않고 나선형으로 연결하여 뜨기도 합니다.

사슬뜨기 원형코

도안의 콧수대로 사슬뜨기를 합니다. 1번째 사슬코에 바늘을 넣고 빼뜨기를 하여 마무리하면 1단이 완성됩니다. 가운데 구멍을 내는 무늬(케이프, 원형 띠 모양 등)를 뜰 때 사용합니다.

실 고리 원형코

실을 둥글게 감아 고리를 만듭니다. 바늘을 고리 안으로 넣어 실을 감고, 감은 실을 고리 밖으로 빼내어 매듭을 짓습니다. 이 고리에 바늘을 넣어서 도안대로 1단을 완성합니다. 실의 끝을 잡아 당겨서 실 고리를 원하는 크기로 조입니다. 가운데 구멍 없이 꽉 조여지는 무늬(모티브, 공, 가방의 바닥 등)를 뜰 때 사용합니다.

실 바꾸기

가능하면 단이 시작되는 부분에서 실을 바꾸는 것이 좋습니다. 사용하던 실은 적어도 10cm 길이를 남기고 자릅니다. 단의 첫코에 새로운 실을 겁니다. 원형뜨기의 경우, 깔끔한 배색을 위해서 단이 끝날 때 새로운 실을 걸어서 빼뜨기를 합니다.

실 잇기

가장자리 장식 등 편물 조직에 새로운 실을 잇기 위해서는, 원하는 코(또는 단)에 바늘을 넣어서 실을 1번 감은 후 코 사이로 빼냅니다.

실 마무리

실은 적어도 10cm 길이를 남기고 자릅니다. 남은 실을 마지막 고리로 빼내어 단단히 잡아당겨 매듭을 짓습니다. 남은 실을 돗바늘에 꿰어 안쪽에서 1코씩 통과시키며 정리합니다. 겉쪽에서 보이지 않도록 주의하면서, 바늘을 수평하게 눕혀 코의 아래로 통과시킵니다. 편물에 주름이 생기지 않도록 실을 살짝 잡아당기고 남은 실은 짧게 자릅니다.

코 늘리기

코 1개에 코를 여러 번 뜹니다.

짧은뜨기 1코 늘려뜨기

1코에 짧은뜨기 2코를 뜹니다.

코 줄이기

이어진 코 2개를 한 번에 모아 뜹니다.

짧은뜨기 2코 모아뜨기

❶ 바늘을 코에 넣습니다. 실을 1번 감아 코 사이로 빼냅니다.

❷ 바늘을 다음 코에 넣습니다. 실을 1번 감아 코 사이로 빼냅니다.

❸ 실을 1번 감아 바늘에 걸려 있는 3개의 고리 사이로 빼냅니다.

긴뜨기 2코 모아뜨기

❶ 실을 1번 감습니다. 바늘을 코에 넣습니다. 실을 1번 감아 코 사이로 빼냅니다.

❷ 실을 1번 감습니다. 바늘을 다음 코에 넣습니다. 실을 1번 감아 바늘에 걸려 있는 5개의 고리 사이로 빼냅니다.

1길 긴뜨기 2코 모아뜨기

❶ 실을 1번 감습니다. 바늘을 코에 넣습니다. 실을 1번 감아 코 사이로 빼냅니다. 실을 1번 감아 바늘에 걸린 처음 2개의 고리 사이로 빼냅니다.

❷ 실을 1번 감습니다. 바늘을 다음 코에 넣습니다. 실을 1번 감아 코 사이로 빼냅니다. 실을 다시 1번 감아 바늘에 걸려 있는 처음 2개의 고리 사이로 빼냅니다.

❸ 실을 1번 감아 바늘에 걸려 있는 3개의 고리 사이로 빼냅니다.

기준점 표시하기

큰 작품을 만들 때는 콧수를 계속 다시 세는 일이 없도록 기준점을 표시해두는 것이 좋습니다. 특히 나선형으로 계속 이어서 뜨는 경우, 단이 시작되는 지점을 표시해두어야 합니다. 해당되는 단에 실 끝을 걸쳐두기만 해도 좋고, 단수 마커를 사용할 수도 있습니다.

모티브 잇기

❶ 연결할 2개의 모티브를 겉쪽이 마주 보도록 겹쳐놓습니다. 연결 부위를 입체적으로 하고 싶은 경우에는 안쪽이 마주 보도록 겹쳐놓습니다.

❷ 밑에 있는 모티브의 첫코와 위에 있는 모티브의 첫코를 한 번에 코바늘로 찌릅니다. 실을 1번 감아 2개의 코 사이로 빼낸 후, 고리 사이로 바늘을 빼냅니다(=빼뜨기 1코).

❸ 코마다 ❷를 반복합니다. 실을 자른 뒤 바늘에 걸려 있는 고리로 빼냅니다. 긴 띠로 이어붙일 때는, 우선 각 모티브의 테두리를 빼뜨기로 돌려 뜬 후, 이어붙일 변끼리 빼뜨기로 연결합니다.

도표 읽기

일부 원형뜨기 작품의 경우 뜨는 법을 표로 설명하기도 합니다. 이 표로 콧수를 수시로 확인할 수 있으며, 문제가 생길 경우 쉽게 그 지점을 찾아낼 수 있습니다.

콧수의 증(+)/감(−)　　각 단의 총 콧수

단	설명	+/−	콧수
1	실 고리에 짧은뜨기×8		8
2	짧은뜨기 1코 늘려뜨기×8	+8	16
3	(짧은뜨기×1 → 짧은뜨기 1코 늘려뜨기×1)×8	+8	24
4~5	짧은뜨기×24		24

도안 읽기

단뜨기 작품

아래에서 위로 읽습니다. 홀수 단(겉)은 오른쪽에서 왼쪽으로, 짝수 단(안)은 왼쪽에서 오른쪽으로 읽습니다.

원형뜨기 작품

중앙에서 바깥쪽으로, 시계 반대 방향으로 단을 따라가며 읽습니다.

크기와 게이지

준비물에 표시한 실의 종류는 참고용입니다. 자신의 취향과 계획에 맞춰 자유롭게 실의 질감과 색깔을 선택하여도 됩니다. 코바늘의 호수도 마찬가지입니다. 같은 실로 1겹이나 2겹으로 사용할 수 있으며, 가는 코바늘이나 굵은 코바늘로 얼마든지 바꿀 수 있습니다. 어떤 재료를 준비할지는 어떤 효과를 원하느냐에 달려 있습니다. 촘촘하게 또는 느슨하게, 부드럽게 또는 단단하게 등…… 게다가 누구도 똑같은 방식으로 뜨개질을 하는 사람은 없습니다. 어떤 사람은 매 코를 뜰 때마다 실을 단단하게 당기고, 어떤 사람은 손가락 사이에 실을 느슨하게 두며 뜨기도 합니다. 잡아당기는 힘도 그때그때 얼마든지 달라질 수 있습니다.

이 책에 실린 작품들은 대부분 정확한 크기를 요구하지 않습니다. 그러므로 자신만의 새로운 아이디어와 창의력으로 매력을 마음껏 발휘해봅니다.

정확한 크기를 맞춰야 하는 큰 작품(장바구니 카트, 의자 커버 등)의 경우, 시간을 내서 게이지를 내보는 것이 좋습니다. 자신의 게이지(사방 10cm 안에 들어가는 콧수와 단수)가 책에 나오는 게이지보다 클 경우, 바늘을 조금 더 굵은 것으로 다시 만들어봅니다. 반대로 책에 나오는 게이지보다 작을 경우, 더 가는 바늘로 다시 만들어봅니다. 특히 콧수를 잘 세어보아야 합니다. 왜냐하면 작업을 하는 중에는 모양을 망가뜨리지 않고 콧수를 변경할 방법이 없기 때문입니다. 반면에 원하는 높이를 얻기 위해 단수를 늘리거나 줄이는 것은 어렵지 않습니다.

같은 무늬가 여러 번 반복될 경우에는 괄호 ( ), { }에 넣어 표시합니다. 이 경우 그 뒤에 적혀 있는 숫자만큼 반복하면 됩니다. 예를 들어, 아래의 경우 ( )를 3번 반복하여 총 9코가 됩니다.

(짧은뜨기×1 → 짧은뜨기 1코 늘려뜨기×1)×3

Abréviations et symboles 프랑스 약어와 뜨개 기호

br.	bride(s)	1길 긴뜨기
dble(s) br.	double(s) bride(s)	2길 긴뜨기
demi-br.	demi-bride(s)	긴뜨기
dern.	dernier(s), dernière(s)	마지막
ens.	ensemble	한 번에
m. air	maille(s) en l'air	사슬뜨기
m.	maille(s)	코
m.c.	maille(s) coulée(s)	빼뜨기
m.s.	maille(s) serrée(s)	짧은뜨기
prem.	premier(s), première(s)	1번째, 앞쪽
rép.	répétez	반복
rg(s)	rang(s)	단

사슬뜨기

빼뜨기

짧은뜨기

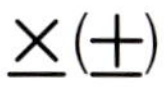

이랑뜨기

짧은뜨기 2코 모아뜨기

짧은뜨기 1코 늘려뜨기

짧은뜨기 2코 늘려뜨기

긴뜨기

1길 긴뜨기

1길 긴뜨기 2코 늘려뜨기

1길 긴뜨기 4코 팝콘뜨기

1길 긴뜨기 5코 팝콘뜨기

2길 긴뜨기

L'entrée 현관

시장 가는 길을 더욱 즐겁게 만드는
화사하고 깜찍한 장바구니 카트입니다.
체리 참 장식이 있어 귀여움을 더합니다!

만드는 방법과 도안

준비물

- 실 : 프랑스 베르제르(Bergère)사
  - 바리지엔(Barisienne, Acrylic 100%, 50g, 140m) : 민트색 12볼, 빨간색 1볼, 녹색 1볼
  - 소노라(Sonora, Acrylic 50%, Cotton 50%, 50g, 115m) : 연갈색 1볼

사용 실		대체 실	
실 이름	색상	실 이름(제조사/제조국)	색상
바리지엔	민트색	하이소프트(국산)	85번 스카이블루
		Cabotine (필다르/프랑스)	14번 아쿠아블루
		Phil Thalassa (필다르/프랑스)	25번 블루그린
	빨간색	Dollymix DK(킹콜/영국)	09번 레드
	녹색	Dollymix DK(킹콜/영국)	39번 그린
소노라	연갈색	AVISO (필다르/프랑스)	002번 라이트브라운
		하이소프트(국산)	90번 베이지

- 코바늘 6mm(10호)
- 안감 있는 카트(24×32×55cm 정도 크기) 1개
- 잠금 고리 1세트
- 재봉실 : 민트색, 빨간색, 녹색
- 바느질 도구

게이지

바리지엔 실 2겹에 코바늘 10호 사용, 짧은뜨기 기준으로 사방 10cm에 12코 12.5단

본체 만들기

바닥

민트색 실 2겹으로 사슬뜨기 34코를 뜹니다.

1~27단 : 사슬뜨기(기둥코)×1 ⋯ 나머지 코에 짧은뜨기 1코씩 뜨기 = 총 34코씩

테두리

❶ 편물의 왼쪽이 위로 오게 돌려서, 27단에 바늘을 넣어 짧은뜨기 2코 늘려뜨기 ⋯ 이하 25개 단은 매 단마다 1코에 짧은뜨기 ⋯ 1단에 다시 짧은뜨기 2코 늘려뜨기

❷ 편물의 아래쪽(사슬뜨기)이 위로 오게 돌려서, 첫코는 뜨지 않고, 2~33번째 코에 각각 짧은뜨기 ⋯ 끝코에 짧은뜨기 2코 늘려뜨기

❸ 편물의 오른쪽이 위로 오게 돌려서, 1단은 뜨지 않고, 2~26단은 매 단마다 1코에 짧은뜨기 ⋯ 27단에 짧은뜨기 2코 늘려뜨기

❹ 다시 처음처럼 편물의 위쪽이 위로 오게 돌려서, 첫코는 뜨지 않고, 2~33코에 짧은뜨기 ⋯ 시작 코에서 빼뜨기

전체 둘레가 짧은뜨기 126코로 완성되면, 민트색 실을 자릅니다.

테두리 장식

빨간색 실 2겹으로 테두리를 둥글게 이어갑니다.

1단 : 사슬뜨기(기둥코)×1 ⋯ 첫코에 바늘을 넣어 짧은뜨기×1 ⋯ (짧은뜨기 2코 늘려뜨기×1 ⋯ 짧은뜨기×27 ⋯ 짧은뜨기 2코 늘려뜨기×1) ⋯ 짧은뜨기×34 ⋯ ( )를 1번 반복 ⋯ 짧은뜨기×33 ⋯ 첫코에서 빼뜨기 = 총 134코

2단 : 사슬뜨기(기둥코)×1 ⋯ 1단의 앞쪽 반 코에 바늘을 넣어 이랑뜨기×2 ⋯ (이랑뜨기 2코 늘려뜨기×1 ⋯ 이랑뜨기×29 ⋯ 이랑뜨기 2코 늘려뜨기×1) ⋯ 이랑뜨기 36코 ⋯ ( )를 1번 반복 ⋯ 이랑뜨기×34 ⋯ 첫코에서 빼뜨기 = 총 142코

빨간색 실을 자릅니다.

본체

민트색 실 2겹으로 이어갑니다. 단을 마무리 짓지 않고 나선형으로 둥글게 이어서 뜹니다.

1단 : 테두리 장식 1단의 뒤쪽 반 코에 바늘을 넣어 이랑뜨기 134코 뜨기

2~65단 : 각 코에 짧은뜨기 ⋯ 65단까지 뜬 다음, 편물 안쪽에 카트 안감 붙이기

66단: 각 코에 짧은뜨기를 하면서 뒷면에 카트의 골조가 통과할 수 있도록 2개의 트임 만들기(사슬뜨기 4코를 뜨고 4코를 건너뛰기)

67단: 각 코에 짧은뜨기(66단에서 만든 사슬뜨기 4코에도 각각 짧은뜨기)

68~69단: 각 코에 짧은뜨기

69단은 첫코에서 빼뜨기를 하여 단을 마무리합니다. 민트색 실을 자르고 마지막 고리로 빼내어 매듭을 짓습니다.

장식 끈

본체의 69단, 뒷면 중앙에 빨간색 실 2겹을 연결합니다. 사슬뜨기로 100코를 뜬 다음, 실을 자르고 마지막 고리로 빼내어 매듭을 짓습니다. 이 끈을 본체의 69단 코 사이로 왔다갔다 통과시켜서 앞면 중앙까지 끼워나갑니다. 같은 방법으로 반대편에도 끈을 만들어 끼웁니다.

덮개 만들기

민트색 실 2겹으로 사슬뜨기 36코를 뜹니다.

1~45단: 사슬뜨기(기둥코)×1 ⋯➡ 나머지 코에 짧은뜨기 = 총 36코씩

46단: 사슬뜨기(기둥코)×1 ⋯➡ 마지막에 2코 남을 때까지 모두 짧은뜨기 ⋯➡ 짧은뜨기 2코 모아뜨기 = 총 35코

47~51단: 46단과 같은 방법으로 반복 = 총 30코

민트색 실을 자르고 마지막 고리로 빼내어 매듭을 짓습니다.

테두리 물결 장식

덮개의 오른쪽이 위로 오게 돌려서, 1단에 빨간색 실을 겁니다.

1단: = 총 168코

❶ 사슬뜨기(기둥코)×1 ⋯➡ 이하 51개 단은 매 단마다 1코에 짧은뜨기 = 총 51코

❷ 덮개의 위쪽이 위로 오게 돌려서, 각 코에 짧은뜨기

❸ 덮개의 왼쪽이 위로 오게 돌려서, 각 코에 짧은뜨기

❹ 덮개의 아래쪽(사슬뜨기)이 위로 오게 돌려서, 각 코에 짧은뜨기

❺ 첫코에 바늘을 넣어 빼뜨기

2단: 사슬뜨기(기둥코)×1 ⋯➡ (짧은뜨기×2 ⋯➡ 1길 긴뜨기 2코 늘려뜨기×1) ⋯➡ 단 끝까지 ( )를 반복 ⋯➡ 첫코에 이르면 빼뜨기

빨간색 실을 자르고 마지막 고리로 빼내어 매듭을 짓습니다.

아플리케 모티브 만들기

체리

빨간색 실로 실 고리를 만듭니다(9쪽 참고). 나선형으로 아래 표와 같이 뜹니다.

단	설명	+/−	콧수
1	실 고리에 짧은뜨기×8		8
2	짧은뜨기 1코 늘려뜨기×8	+8	16
3	(짧은뜨기×1 ⋯➡ 짧은뜨기 1코 늘려뜨기×1)×8 ⋯➡ 빼뜨기×1	+8	24

실을 자르고 마지막 고리로 빼내어 매듭을 짓습니다. 같은 방법으로 체리를 1개 더 만듭니다.

잎사귀

녹색 실 2겹으로 사슬뜨기 10코를 뜹니다.

❶ 사슬뜨기(기둥코)×3 ⋯➡ 1코 건너뛰기 ⋯➡ 1길 긴뜨기×5 ⋯➡ 긴뜨기×1 ⋯➡ 짧은뜨기×2 ⋯➡ 빼뜨기×1

❷ 위아래 방향을 돌려, 사슬뜨기(기둥코)×1 ⋯➡ 짧은뜨기×2 ⋯➡ 긴뜨기×1 ⋯➡ 1길 긴뜨기×6 ⋯➡ 빼뜨기×1

실을 자르고 마지막 고리로 빼내어 매듭을 짓습니다. 같은 방법으로 잎사귀를 1개 더 만듭니다.

줄기

연갈색 실로 사슬뜨기 25코를 뜬 다음, 실을 자르고 마지막 고리로 빼내어 매듭을 짓습니다.

마무리하기

❶ 실을 모두 안쪽에서 정리합니다.

❷ 본체와 안감의 가장자리를 핀으로 고정한 후, 민트색 실로 꿰맵니다.

❸ 완성 사진을 참고하여 체리, 줄기, 잎사귀를 핀으로 고정한 다음, 어울리는 색의 실로 꿰맵니다.

❹ 덮개용 안감과 덮개 사이에 물결 장식이 밖으로 나오도록 끼운 다음, 핀으로 고정하여 바느질합니다.

❺ 덮개와 본체 위에 잠금 고리가 서로 마주하도록 고정합니다.

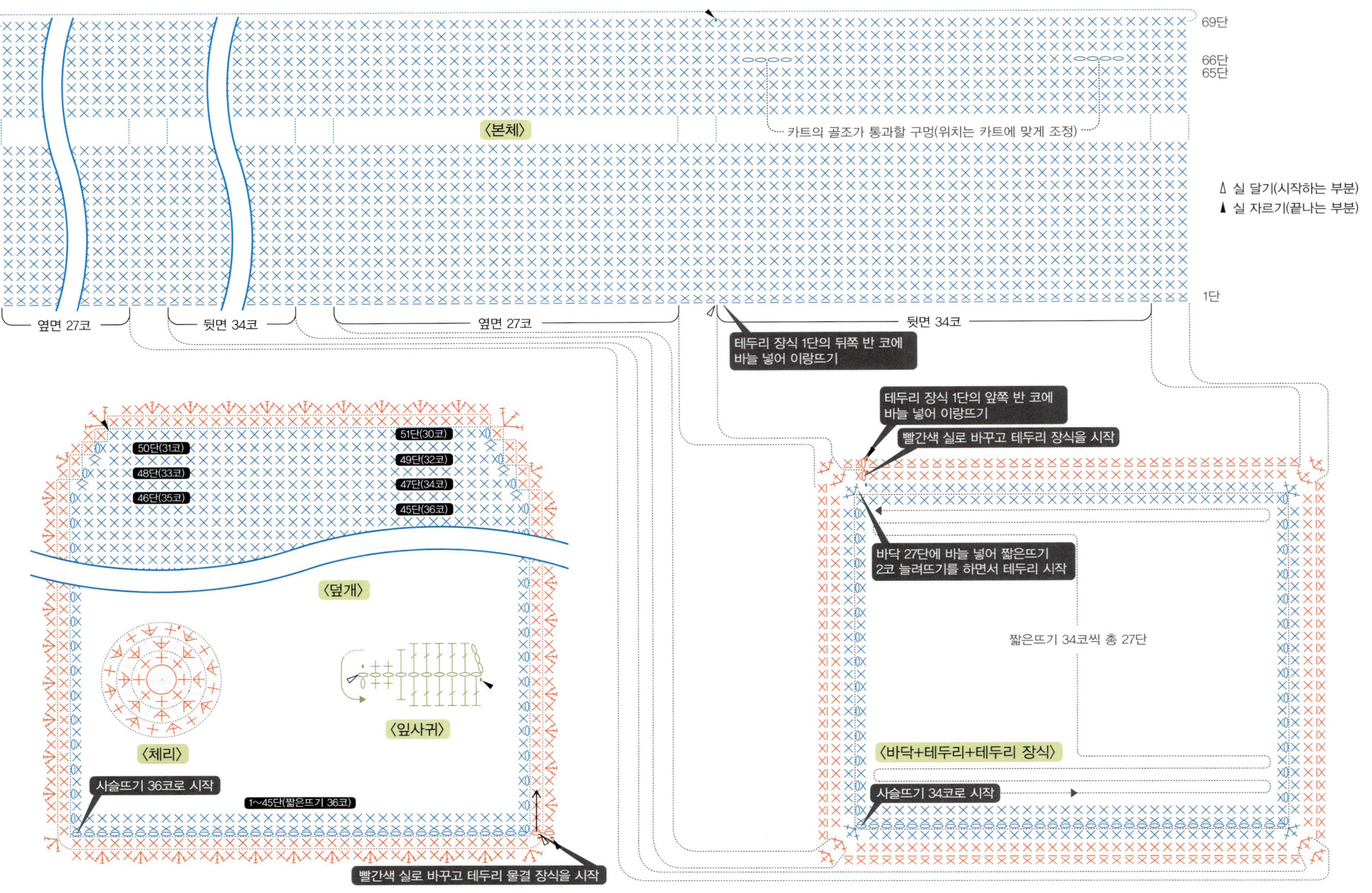
69단
66단
65단
1단
〈본체〉
카트의 골조가 통과할 구멍(위치는 카트에 맞게 조정)
△ 실 달기(시작하는 부분)
▲ 실 자르기(끝나는 부분)
옆면 27코
뒷면 34코
옆면 27코
뒷면 34코
테두리 장식 1단의 뒤쪽 반 코에 바늘 넣어 이랑뜨기
테두리 장식 1단의 앞쪽 반 코에 바늘 넣어 이랑뜨기
빨간색 실로 바꾸고 테두리 장식을 시작
바닥 27단에 바늘 넣어 짧은뜨기 2코 늘려뜨기를 하면서 테두리 시작
짧은뜨기 34코씩 총 27단
50단(31코)
49단(32코)
48단(33코)
47단(34코)
46단(35코)
45단(36코)
51단(30코)
〈덮개〉
〈잎사귀〉
〈체리〉
사슬뜨기 36코로 시작
1~45단(짧은뜨기 36코)
빨간색 실로 바꾸고 테두리 물결 장식을 시작
〈바닥+테두리+테두리 장식〉
사슬뜨기 34코로 시작
17

준비물

- 실 : 베르제르(Bergère)사
  - 바리지엔(Barisienne, Acrylic 100%, 50g, 140m) :
    빨간색 1볼, 녹색 1볼
  - 소노라(Sonora, Acrylic 50%, Cotton 50%, 50g, 115m) :
    연갈색 1볼

사용 실		대체 실	
실 이름	색상	실 이름(제조사/제조국)	색상
바리지엔	빨간색	Dollymix DK(킹콜/영국)	09번 레드
	녹색	Dollymix DK(킹콜/영국)	39번 그린
소노라	연갈색	AVISO (필다르/프랑스)	002번 라이트브라운

- 코바늘 4mm(7호)
- 알루미늄 포일
- 재봉실 : 빨간색
- 바느질 도구

체리 만들기

빨간색 실로 실 고리를 만듭니다(9쪽 참고). 단을 마무리 짓지 않고 나선형으로 둥글게 이어서 아래의 표와 같이 뜹니다.

단	설명	+/−	콧수
1	실 고리에 짧은뜨기×8		8
2	짧은뜨기 1코 늘려뜨기×8	+8	16
3	(짧은뜨기×1 ⋯ 짧은뜨기 1코 늘려뜨기×1) ×8	+8	24
4~5	짧은뜨기×24		24
	체리 속에 알루미늄 포일을 둥글게 말아서 채웁니다.		
6	(짧은뜨기×1 ⋯ 짧은뜨기 2코 모아뜨기×1) ×8	−8	16
7	짧은뜨기 2코 모아뜨기×8	−8	8
8	짧은뜨기 2코 모아뜨기×4 ⋯ 빼뜨기×1	−4	4

실을 자르고 마지막 고리로 빼내어 매듭을 짓습니다. 실을 모두 안쪽에서 정리합니다. 같은 방법으로 체리를 1개 더 만듭니다.

줄기 만들기

체리의 꼭지에 연갈색 실을 연결합니다. 사슬뜨기 21코를 뜬 다음, 다른 체리의 꼭지에 빼뜨기 1코를 떠서 마무리합니다. 실을 자르고 마지막 고리로 빼내어 매듭을 짓습니다.

잎사귀 만들기

줄기의 10번째 사슬코에 녹색 실 2겹을 걸어서 사슬뜨기 10코를 뜹니다.

❶ {사슬뜨기(기둥코)×1 ⋯ 짧은뜨기×2 ⋯ 1길 긴뜨기×5 ⋯ 짧은뜨기×2 ⋯ 빼뜨기×1}
❷ 위아래 방향을 돌려 { }를 1번 반복

실을 자르고 마지막 고리로 빼내어 매듭을 짓습니다. 실을 안쪽에서 정리합니다. 줄기의 11번째 사슬코에 녹색 실을 걸어서, 같은 방법으로 잎사귀를 1개 더 만듭니다.

△ 실 달기(시작하는 부분)
▲ 실 자르기(끝나는 부분) 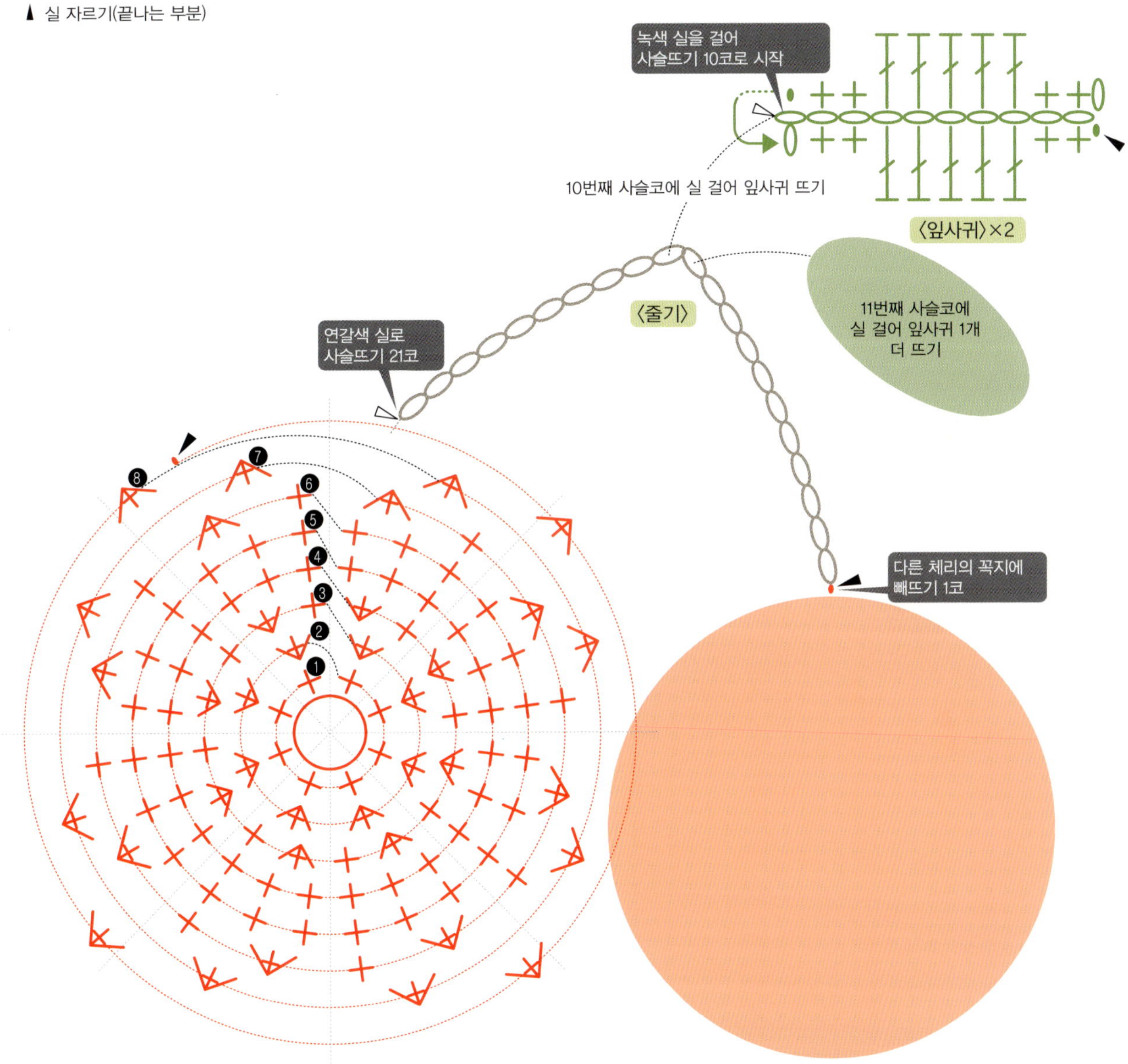
녹색 실을 걸어 사슬뜨기 10코로 시작
10번째 사슬코에 실 걸어 잎사귀 뜨기
〈잎사귀〉×2
11번째 사슬코에 실 걸어 잎사귀 1개 더 뜨기
〈줄기〉
연갈색 실로 사슬뜨기 21코
다른 체리의 꼭지에 빼뜨기 1코
〈체리〉×2
①
②
③
④
⑤
⑥
⑦
⑧

Porte-clefs maison 집 모양 열쇠고리

집 모양 열쇠고리입니다. 지붕 꼭지에 달린 줄이
위아래로 움직이며 열쇠를 가려줍니다!

열쇠의 투박함은 숨기고 실용성은 높인

만드는 방법과 도안

준비물

- 실 : 프랑스 베르제르(Bergère)사
  - 코튼 피프티(Coton Fifty, Acrylic 50%, Cotton 50%, 50g, 140m) : 빨간색 1볼, 흰색 1볼

사용 실		대체 실	
실 이름	색상	실 이름(제조사/제조국)	색상
코튼 피프티	빨간색	Phil Coton 3 (필다르/프랑스)	84번 레드
		Partner 3.5 (필다르/프랑스)	84번 레드
		Dollymix DK(킹콜/영국)	09번 레드
	흰색	Phil Coton 3 (필다르/프랑스)	03번 화이트
		Partner 3.5 (필다르/프랑스)	132번 아이보리
		Dollymix DK(킹콜/영국)	01번 화이트

- 코바늘 4mm(7호)
- 열쇠고리 2개
- 재봉실 : 파란색, 빨간색
- 바느질 도구

줄 만들기

빨간색 실로 사슬뜨기 40코를 뜹니다.

1단 : 사슬뜨기(기둥코)×1 ⋯▶ 짧은뜨기×40 = 총 40코

실을 자르고 마지막 고리로 빼내어 매듭을 짓습니다.

집 만들기

빨간색 실로 실 고리를 만듭니다(9쪽 참고). 단을 마무리 짓지 않고 나선형으로 둥글게 이어서 아래의 표와 같이 뜹니다.

단	설명	+/-	콧수
1	실 고리에 짧은뜨기×8		8
	나중에 줄을 끼울 수 있도록 구멍을 조금 남기고 실을 당겨 실 고리를 조입니다.		
2~16	짧은뜨기와 짧은뜨기 1코 늘려뜨기를 번갈아가며 각 단마다 3코씩 고르게 늘려뜨기	(+3) ×15	53
17	16단의 앞쪽 반 코에 바늘을 넣어 이랑뜨기×53		53
	빨간색 실을 자르고, 흰색 실로 진행합니다.		
18	16단의 뒤쪽 반코에 바늘을 넣어 이랑뜨기×53		53
19~27	짧은뜨기×53		53
28	짧은뜨기×53 ⋯▶ 빼뜨기×1		53

흰색 실을 자르고 마지막 고리로 빼내어 매듭을 짓습니다.

마무리하기

❶ 실을 모두 안쪽에서 정리합니다.

❷ 파란색 재봉실 2겹으로 대문과 창문 모양의 자수를 놓습니다.

❸ 줄을 열쇠고리에 끼운 다음 반으로 접습니다. 지붕 구멍으로 줄 끝을 통과시켜 다른 열쇠고리에 끼웁니다. 줄의 양끝을 모아 빨간색 재봉실로 몇 땀을 떠서 튼튼하게 연결합니다.

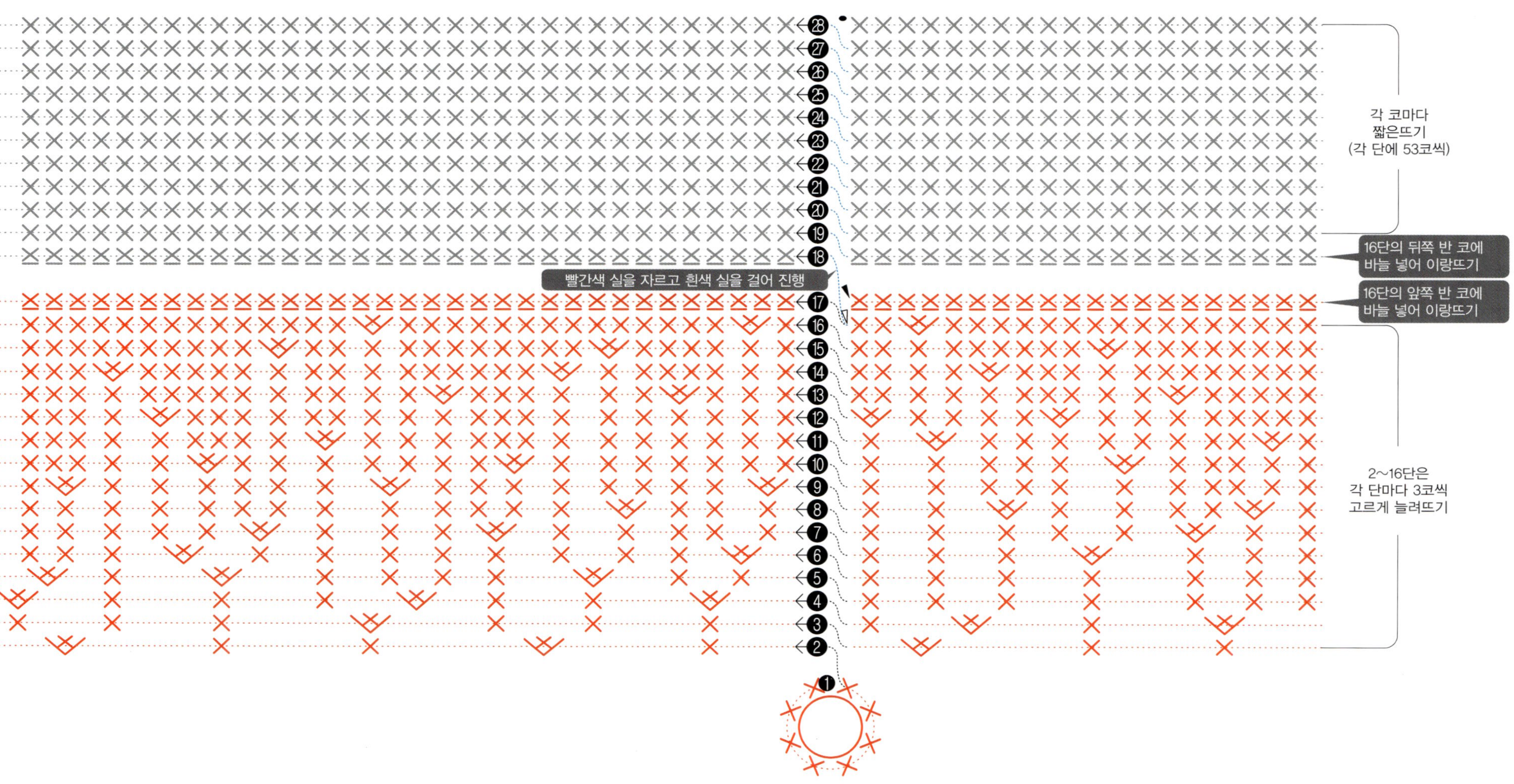

각 코마다 짧은뜨기 (각 단에 53코씩)
16단의 뒤쪽 반 코에 바늘 넣어 이랑뜨기
16단의 앞쪽 반 코에 바늘 넣어 이랑뜨기
빨간색 실을 자르고 흰색 실을 걸어 진행
2~16단은 각 단마다 3코씩 고르게 늘려뜨기

Le bureau

공부방

동글동글 물방울이 달려 있는 재미있게 생긴
손가방입니다. 예쁜 무늬의 안감을 덧대어
실용성을 더욱 높였습니다!

만드는 방법과 도안

준비물

- 실 : 베르제르(Bergère)사
  - 바리지엔(Barisienne, Acrylic 100%, 50g, 140m) : 청록색 4볼

사용 실		대체 실	
실 이름	색상	실 이름(제조사/제조국)	색상
바리지엔	청록색	Cabotine(필다르/프랑스)	14번 아쿠아블루
		Phil Thalassa (필다르/프랑스)	25번 블루그린
		하이소프트(국산)	85번 스카이블루

- 코바늘 6mm(10호)
- 안감용 천(90×25cm)
- 안감에 어울리는 재봉실
- 바느질 도구

게이지

바리지엔 실 2겹에 코바늘 10호 사용, 짧은뜨기 기준으로 사방 10cm에 10.5코 13단

바닥 만들기

실 2겹으로 사슬뜨기 9코를 뜹니다. 단을 마무리 짓지 않고 나선형으로 둥글게 이어서 아래와 같이 뜹니다.

1단 : 사슬뜨기(기둥코)×1 ⟶ (짧은뜨기×8 ⟶ 짧은뜨기 4코 늘려뜨기×1) ⟶ 위아래 방향을 돌려 ( )를 1번 반복 = 총 26코

2단 : 짧은뜨기×9 ⟶ (짧은뜨기 2코 늘려뜨기×1 ⟶ 짧은뜨기×1 ⟶ 짧은뜨기 2코 늘려뜨기×1) ⟶ 짧은뜨기×10 ⟶ ( )를 1번 반복 ⟶ 짧은뜨기×1 = 총 34코

3단 : 짧은뜨기×10 ⟶ (짧은뜨기 2코 늘려뜨기×1 ⟶ 짧은뜨기×3 ⟶ 짧은뜨기 2코 늘려뜨기×1) ⟶ 짧은뜨기×12 ⟶ ( )를 1번 반복 ⟶ 짧은뜨기×2 = 총 42코

4단 : 짧은뜨기×11 ⟶ (짧은뜨기 2코 늘려뜨기×1 ⟶ 짧은뜨기×5 ⟶ 짧은뜨기 2코 늘려뜨기×1) ⟶ 짧은뜨기×14 ⟶ ( )를 1번 반복 ⟶ 짧은뜨기×3 = 총 50코

5단 : 짧은뜨기×12 ⟶ (짧은뜨기 2코 늘려뜨기×1 ⟶ 짧은뜨기×7 ⟶ 짧은뜨기 2코 늘려뜨기×1) ⟶ 짧은뜨기×16 ⟶ ( )를 1번 반복 ⟶ 짧은뜨기×4 = 총 58코

6단 : 짧은뜨기×13 ⟶ (짧은뜨기 2코 늘려뜨기×1 ⟶ 짧은뜨기×9 ⟶ 짧은뜨기 2코 늘려뜨기×1) ⟶ 짧은뜨기×18 ⟶ ( )를 1번 반복 ⟶ 짧은뜨기×5 = 총 66코

7단 : 짧은뜨기×14 ⟶ (짧은뜨기 2코 늘려뜨기×1 ⟶ 짧은뜨기×11 ⟶ 짧은뜨기 2코 늘려뜨기×1) ⟶ 짧은뜨기×20 ⟶ ( )를 1번 반복 ⟶ 짧은뜨기×6 = 총 74코

본체 만들기

8단 : 짧은뜨기×74

9단 : 짧은뜨기×3 ⟶ 1길 긴뜨기 5코 팝콘뜨기×1 ⟶ (짧은뜨기×7 ⟶ 1길 긴뜨기 5코 팝콘뜨기×1) ⟶ {짧은뜨기×6 ⟶ 1길 긴뜨기 5코 팝콘뜨기×1} ⟶ ( )×1 ⟶ { }×1 ⟶ ( )×1 ⟶ { }×2 ⟶ ( )×1 ⟶ { }×1 ⟶ 짧은뜨기 3코 = 총 74코

10~12단 : 짧은뜨기×74

13단 : (짧은뜨기×7 ⟶ 1길 긴뜨기 5코 팝콘뜨기×1) ⟶ {짧은뜨기×6 ⟶ 1길 긴뜨기 5코 팝콘뜨기×1} ⟶ ( )×1 ⟶ { }×1 ⟶ ( )×1 ⟶ { }×2 ⟶ ( )×1 ⟶ { }×2

14~16단 : 짧은뜨기×74

17~21단 : 9~13단의 과정을 1번 반복

22단: 짧은뜨기×14 ⋯ (짧은뜨기 2코 모아뜨기×1 ⋯ 짧은뜨기×12 ⋯ 짧은뜨기 2코 모아뜨기×1) ⋯ 짧은뜨기 21코 ⋯ ( )×1 ⋯ 짧은뜨기×7 = 총 70코

23~24단: 짧은뜨기×70

25단: 짧은뜨기×3 ⋯ 1길 긴뜨기 5코 팝콘뜨기×1 ⋯ (짧은뜨기×6 ⋯ 1길 긴뜨기 5코 팝콘뜨기×1)×9 ⋯ 짧은뜨기×3

26단: 짧은뜨기×3 ⋯ (짧은뜨기 2코 모아뜨기×1 ⋯ 짧은뜨기×5)×9 ⋯ 짧은뜨기 2코 모아뜨기×1 ⋯ 짧은뜨기×2 = 총 60코

27~28단: 짧은뜨기×60

29단: (짧은뜨기×5 ⋯ 1길 긴뜨기 5코 팝콘뜨기×1)×10

30단: (짧은뜨기×4 ⋯ 짧은뜨기 2코 모아뜨기×1)×10 = 총 50코

31~33단: 짧은뜨기×50 ⋯ 33단의 끝코는 빼뜨기

손잡이 만들기

손잡이 1

사슬뜨기 20코를 뜬 다음, 16코는 건너뛰고, 다음 코에서 빼뜨기 1코를 뜹니다. 왕복으로 아래와 같이 단뜨기를 합니다.

1단: 짧은뜨기 2코 모아뜨기×1 ⋯ 짧은뜨기×16 ⋯ 짧은뜨기 2코 모아뜨기×1 = 총 18코

2단: 짧은뜨기 2코 모아뜨기×1 ⋯ 짧은뜨기×14 ⋯ 짧은뜨기 2코 모아뜨기×1 = 총 16코

실을 자르고 마지막 고리로 빼내어 매듭을 짓습니다.

손잡이 안쪽 테두리

❶ 본체 33단 2번째 코에 실을 걸어서, 사슬뜨기(기둥코)×1 ⋯ 짧은뜨기×16(본체 쪽) ⋯ 짧은뜨기×20(손잡이 쪽) ⋯ 첫 코에 바늘 걸어 빼뜨기

❷ 실을 자르고 마지막 고리로 빼내어 매듭을 짓습니다.

손잡이 2

본체 33단에서 손잡이 1과 7코 떨어진 위치에 실을 겁니다. 손잡이 1과 같은 방법으로 뜹니다.

손잡이 바깥쪽 테두리

본체 33단에서, 손잡이 1이 끝나는 다음 코에 실을 걸고, 사슬뜨기(기둥코)×1 ⋯ (짧은뜨기×7 ⋯ 손잡이의 모서리에서 짧은뜨기 1코 늘려뜨기×1 ⋯ 짧은뜨기×16 ⋯ 손잡이의 다른 쪽 모서리에서 짧은뜨기 1코 늘려뜨기×1)×2 ⋯ 빼뜨기×1

마무리하기

❶ 실을 모두 안쪽에서 정리합니다.

❷ 안감용 천은 24×4.5cm 2장(손잡이용), 70×18cm 1장(본체용), 20×14cm 1장(바닥용)으로 자릅니다.

❸ 손잡이 안감은 양쪽 긴 변을 1cm씩 안쪽으로 접어 다림질합니다. 안감의 양끝이 가방 안쪽으로 들어가게 놓은 다음, 손잡이에 핀으로 고정합니다. 긴 변을 따라 공그르기로 바느질합니다.

❹ 본체 안감은 겉쪽이 서로 마주 보고 짧은 변끼리 겹치도록 반을 접습니다. 짧은 변에서 시접 1cm를 바느질합니다.

❺ 튜브 모양이 된 본체 안감을 바닥 안감과 겉쪽이 서로 마주 보도록 핀으로 고정한 다음, 둘레를 따라 시접 1cm를 바느질합니다.

❻ 가방 안에 안감을 잘 맞춰 넣습니다. 가방의 위쪽 끝에서 2번째 단 위치에 안감의 시접이 놓이도록 안감의 위쪽 끝을 안쪽으로 접어 핀으로 고정합니다. 이때 손잡이 안감의 양끝을 끼워 넣어 보이지 않게 처리합니다. 불룩 튀어나오는 부분이 없도록 잔주름을 정리한 다음, 공그르기로 바느질합니다.

응용하기

다른 종류의 실을 사용하면 전혀 다른 느낌의 가방을 만들 수 있습니다. 28쪽 사진 속 가방은 코바늘 8mm와 굵은 베이지색 실인 베르제르(Bergère)사의 하이랜드(Highland, Viscosse 6%, Acrylic 40%, Combes Wool 54%, 50g, 30m)를 1겹으로 사용한 것입니다. 만드는 방법은 같지만, 가방의 크기는 더 커집니다. 안감의 크기는 먼저 가방을 완성한 다음, 완성된 크기에 맞춰 조절하기를 바랍니다.

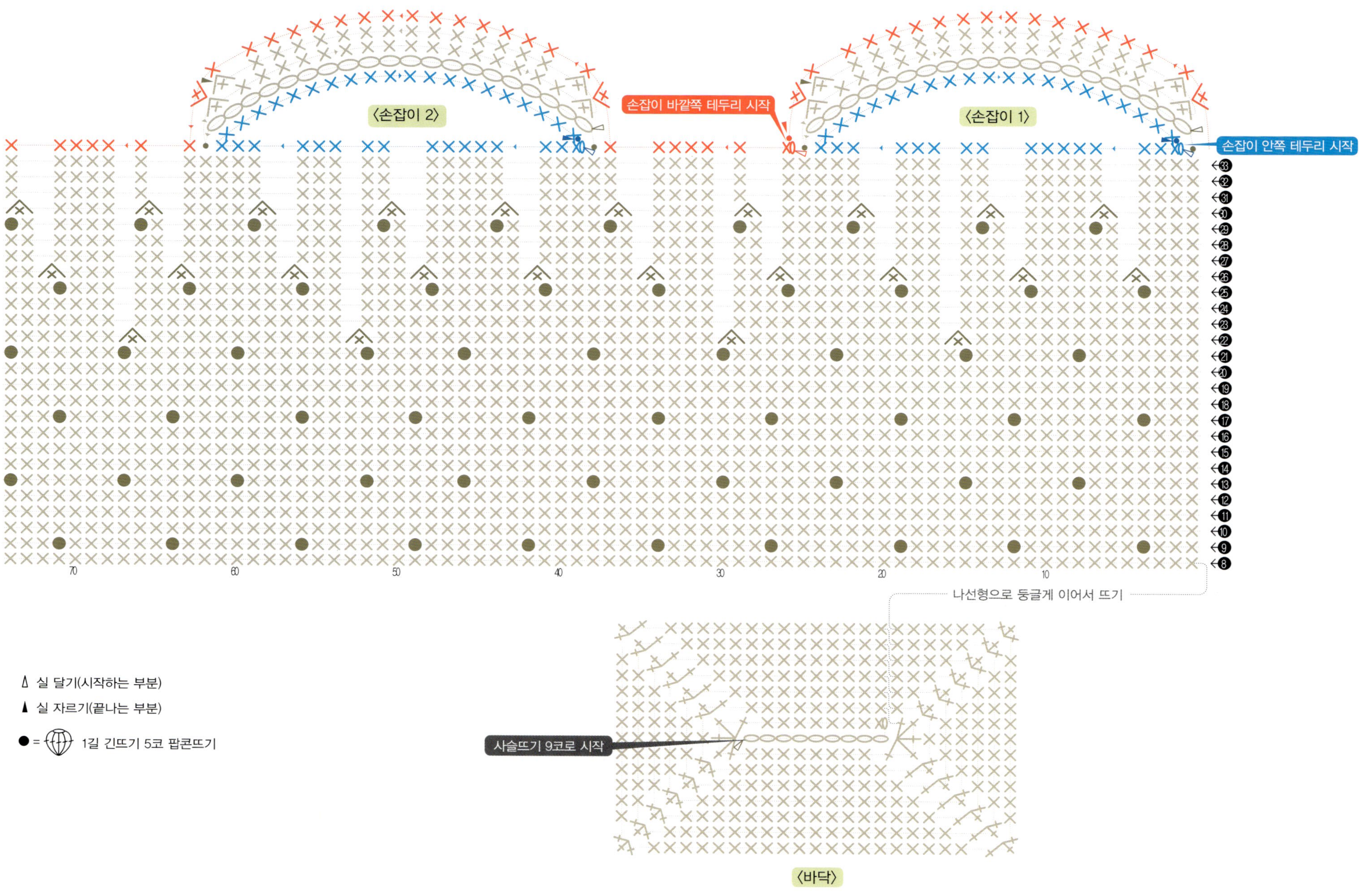

〈손잡이 2〉
〈손잡이 1〉
손잡이 바깥쪽 테두리 시작
손잡이 안쪽 테두리 시작
나선형으로 둥글게 이어서 뜨기
사슬뜨기 9코로 시작
〈바닥〉
△ 실 달기(시작하는 부분)
▲ 실 자르기(끝나는 부분)
● = 1길 긴뜨기 5코 팝콘뜨기

Journal de bord 다이어리 커버

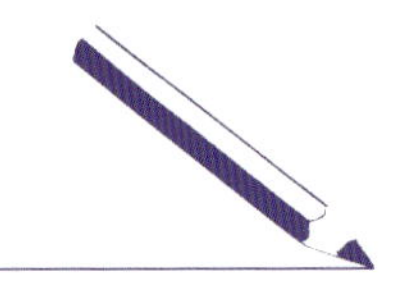

책가방 모양의 개성 넘치는 다이어리 커버입니다.
펜 꽂이와 작은 주머니가 있어 크고 작은 문구들을
오밀조밀 수납하기에 아주 좋습니다!

만드는 방법과 도안

준비물

• 실 : 베르제르사(Bergère)사
    –이데알(Idéal, Acrylic 30%, Polyamide 30%, Combed
    Wool 40%, 50g, 125m) : 하늘색 1볼

사용 실		대체 실	
실 이름	색상	실 이름(제조사/제조국)	색상
이데알	하늘색	하이소프트 (국산)	67번 라이트 스카이블루
		Partner 3.5 (필다르/프랑스)	07번 화이트블루

• 코바늘 3.5mm(6호)
• 다이어리(크기 13×21cm, 두께 1.5cm) 1권
• 안감용 천(90×25cm)
• 잠금 고리(약 3.5cm) 2개
• 재봉실 : 연하늘색, 안감에 어울리는 실
• 바느질 도구

게이지

이데알 실로 코바늘 6호 사용, 짧은뜨기 기준으로 사방 10cm에
20코 24단

본체 만들기

사슬뜨기 43코를 뜹니다.

1~87단 : 사슬뜨기(기둥코)×1 ⋯ 나머지 코에 짧은뜨기
= 총 43코씩

88단 : 사슬뜨기(기둥코)×1 ⋯ 짧은뜨기×21 ⋯ 짧은뜨기 2코
모아뜨기×1 ⋯ 짧은뜨기×20 = 총 42코

89단 : 사슬뜨기(기둥코)×1 ⋯ 짧은뜨기×20 ⋯ 짧은뜨기 2코
모아뜨기×1 ⋯ 짧은뜨기×20 = 총 41코

테두리

❶ 사슬뜨기(기둥코)×1 ⋯ 짧은뜨기×40 ⋯ 짧은뜨기 1코 늘
려뜨기×1

❷ 옆으로 방향을 돌려서, 89단은 뜨지 않고, 이하 87개 단
마다 1코에 짧은뜨기, 1단에서 짧은뜨기 2코 늘려뜨기

❸ 옆으로 방향을 돌려서, 첫코는 뜨지 않고, 짧은뜨기×41
⋯ 짧은뜨기 2코 늘려뜨기×1

❹ 옆으로 방향을 돌려서, 1단은 뜨지 않고, 이하 88개 단마
다 1코에 짧은뜨기 ⋯ 시작 코에 바늘 걸어 빼뜨기 = 총 262코

❺ 실을 자르고 마지막 고리로 빼내어 매듭을 짓습니다.

주머니 만들기

사슬뜨기 15코를 뜹니다.

1~13단 : 사슬뜨기(기둥코)×1 ⋯ 나머지 코에 짧은뜨기
= 총 15코씩

테두리

❶ 사슬뜨기(기둥코)×1 ⋯ 짧은뜨기×14 ⋯ 짧은뜨기 1코
늘려뜨기×1

❷ 옆으로 방향을 돌려서, 13단은 뜨지 않고, 이하 11개의 단
마다 1코에 짧은뜨기 ⋯ 1단에서 짧은뜨기 2코 늘려뜨기

❸ 옆으로 방향을 돌려서, 첫코는 뜨지 않고, 짧은뜨기×13
⋯ 짧은뜨기 2코 늘려뜨기×1

❹ 옆으로 방향을 돌려서, 1단은 뜨지 않고, 이하 12개의 단마
다 1코에 짧은뜨기 ⋯ 시작 코에 바늘 걸어 빼뜨기 = 총 58코

❺ 실을 자르고 마지막 고리로 빼내어 매듭을 짓습니다.

같은 방법으로 주머니를 1개 더 만듭니다.

손잡이 만들기

사슬뜨기 30코를 뜹니다.

1~3단: 사슬뜨기(기둥코)×1 ···→ 나머지 코에 짧은뜨기
= 총 30코씩

실을 자르고 마지막 고리로 빼내어 매듭을 짓습니다.

마무리하기

❶ 실을 모두 안쪽에서 정리합니다.

❷ 주머니의 1단이 본체의 10단에 오고, 본체의 옆선에서 3코 떨어진 위치에 오도록 놓고 핀으로 고정한 다음, 공그르기로 바느질합니다.

❸ 안감용 천은 19×4.5cm 1장(손잡이용), 40×23cm 1장(본체용), 15×23cm 2장(덮개 A, B용), 8×14cm 1장(연필꽂이용)으로 자릅니다.

❹ 손잡이 안감은 네 변을 1cm씩 안쪽으로 접어 다림질합니다. 손잡이에 핀으로 고정하고 공그르기로 바느질합니다. 손잡이 양끝은 본체의 72~74단 높이, 가장자리에서 3.5cm 떨어진 위치에 놓고 핀으로 고정한 다음 바느질합니다.

❺ 덮개 A 안감은 양쪽 긴 변을 1cm씩 안쪽으로 접어 다림질한 다음, 가장자리에서 8mm 안쪽에 바느질합니다.

❻ 덮개 B 안감은 왼쪽 긴 변만 1cm 안쪽으로 접어 다림질한 다음, 가장자리에서 8mm 안쪽에 바느질합니다.

❼ 덮개 2장을 본체 안감 위에 핀으로 고정합니다(아래 그림 참고). 네 변을 1cm씩 안쪽으로 접어 다림질한 다음, 본체 위에 핀으로 고정하고, 가장자리를 모두 공그르기로 바느질합니다.

❽ 연필꽂이 안감은 네 변을 1cm씩 안쪽으로 접어 다림질합니다. 안감의 안쪽이 서로 마주 보고 짧은 변끼리 겹치도록 반을 접습니다. 짧은 변 가장자리에서 5mm 안쪽에 바느질합니다. 바느질하지 않은 긴 변끼리 겹치도록 다시 반을 접습니다. 덮개 A의 왼쪽 가장자리 중앙에 연필꽂이를 핀으로 고정한 다음, 겹쳐 있는 안감들을 한꺼번에 감침질합니다.

❾ 주머니 위쪽과 본체 끝에 잠금 고리를 서로 마주 보도록 고정합니다.

❿ 양쪽 덮개 사이에 다이어리 앞뒤 표지를 끼워 넣습니다.

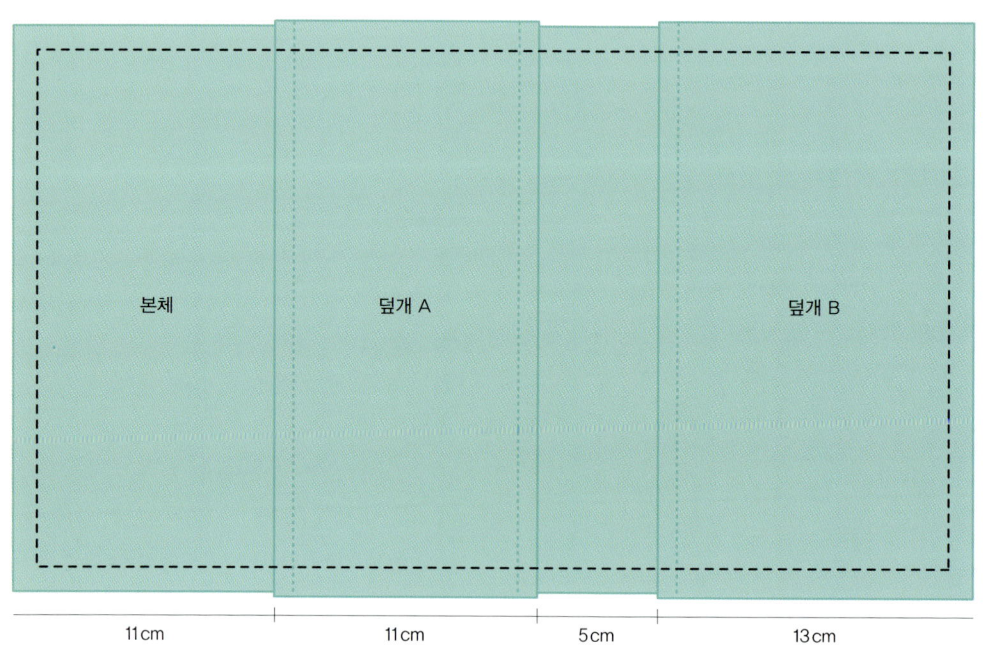

테두리 뜨기 진행 방향
1~87단 짧은뜨기 43코씩
85
80
75
70
65
60
55
50
45
40
35
30
25
20
15
10
5
사슬뜨기 43코로 시작
〈본체〉
∧ 실 달기(시작하는 부분)
▲ 실 자르기(끝나는 부분)
□ = 짧은뜨기

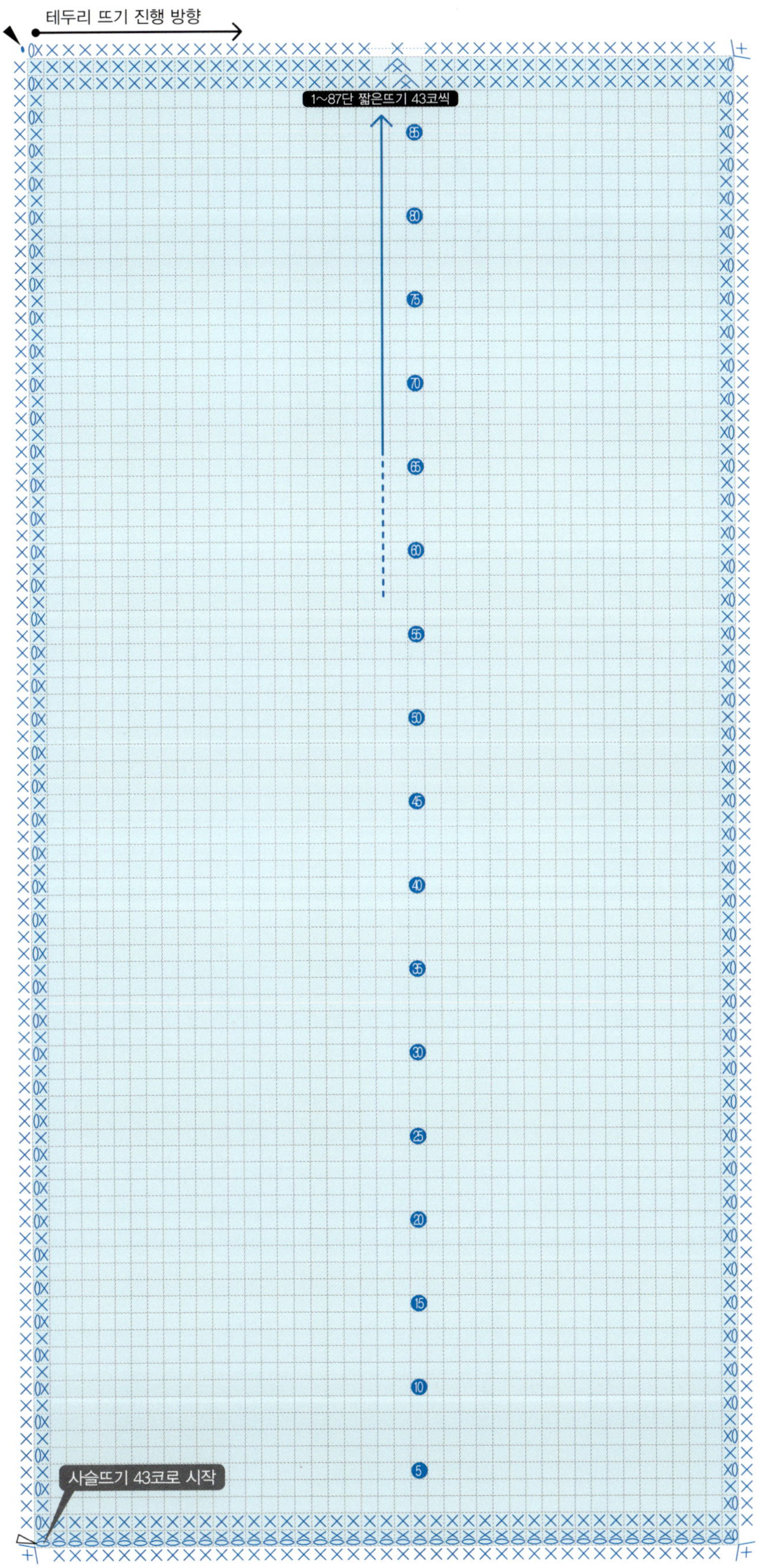

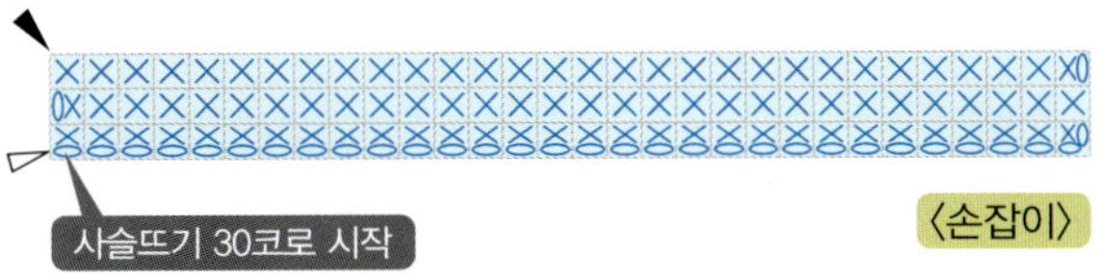

사슬뜨기 30코로 시작
〈손잡이〉

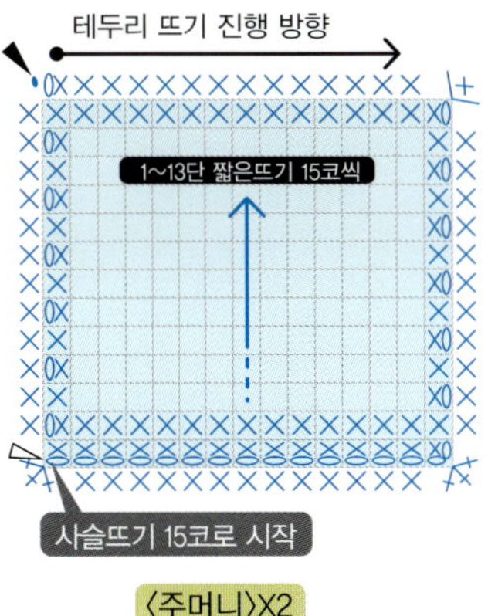

테두리 뜨기 진행 방향
1~13단 짧은뜨기 15코씩
사슬뜨기 15코로 시작
〈주머니〉X2

Housse à croquer

일반 파일과 작은 노트북 등을 넣을 수 있는
가방입니다. 빨간색 테두리와 사과 모티브로
평범한 가방이 더욱 상큼해졌습니다!

만드는 방법과 도안

준비물

- 실 : 베르제르(Bergère)사
  - 스포르(Sport, Acrylic 49%, Combed Wool 51%, 50g, 90m) : 카키색 3볼
  - 이데알(Idéal, Acrylic 30%, Polyamide 30%, Combed Wool 40%, 50g, 125m) : 빨간색 1볼, 아이보리색 1볼, 갈색 1볼, 녹색 1볼

사용 실		대체 실	
실 이름	색상	실 이름(제조사/제조국)	색상
스포르	카키색	Partner 6 (필다르/프랑스)	36번 카키
		Zara (필라투라 디 크로사 /이탈리아)	1781번 연카키
이데알	빨간색	Partner 3.5 (필다르/프랑스)	84번 레드
	아이보리색	Partner 3.5 (필다르/프랑스)	132번 아이보리
	갈색	Partner 3.5 (필다르/프랑스)	17번 다크브라운
	녹색	Partner 3.5 (필다르/프랑스)	36번 다크그린

- 코바늘 3mm(5호), 6mm(10호)
- 안감용 천(80×85cm)
- 잠금 고리(약 3.5cm) 2개
- 자수실 : 검은색 면사
- 재봉실 : 녹색, 빨간색
- 바느질 도구

게이지

스포르 실로 코바늘 10호 사용, 짧은뜨기 기준으로 사방 10cm에 13코 15단

본체 만들기

코바늘 6mm(10호)를 사용해 카키색 실로 사슬뜨기 47코를 뜹니다. 단을 마무리 짓지 않고 나선형으로 둥글게 이어서 아래와 같이 뜹니다.

1단 : 사슬뜨기(기둥코)×1 ⟶ 짧은뜨기×46 ⟶ 짧은뜨기 2코 늘려뜨기×1 ⟶ 위아래 돌려서 짧은뜨기×46 = 총 95코

2단 : 짧은뜨기 2코 늘려뜨기×1 ⟶ 짧은뜨기×47 ⟶ 짧은뜨기 1코 늘려뜨기×1 ⟶ 짧은뜨기×46 = 총 98코

3단 : 짧은뜨기 1코 늘려뜨기×1 ⟶ 짧은뜨기×97 = 총 99코

4~41단 : 짧은뜨기×99

덮개 만들기

아래와 같이 왕복으로 단뜨기를 합니다.

1단 : 빼뜨기×3 ⟶ 사슬뜨기(기둥코)×1 ⟶ 짧은뜨기×45 = 총 45코

2~31단 : 사슬뜨기(기둥코)×1 ⟶ 짧은뜨기×45

실을 자르고 마지막 고리로 빼내어 매듭을 짓습니다.

테두리

1단 : ❶ 덮개의 1단 첫코에 카키색 실을 겁니다.

❷ 사슬뜨기(기둥코)×1 ⟶ 이하 30개 단마다 1코에 짧은뜨기

❸ 옆으로 방향을 돌려서, 짧은뜨기 1코 늘려뜨기×1, 짧은뜨기×43 ⟶ 짧은뜨기 2코 늘려뜨기×1

❹ 옆으로 방향을 돌려서, 31단은 뜨지 않고, 이하 30개 단마다 1코에 짧은뜨기

❺ 실을 자릅니다.

2단 : ❶ 코바늘 3mm(5호)를 사용해 빨간색 실을 연결합니다.

❷ 사슬뜨기(기둥코)×1 ⟶ 짧은뜨기 1코 늘려뜨기×31 ⟶ 짧은뜨기 3코 늘려뜨기×1 ⟶ 짧은뜨기 1코 늘려뜨기×45 ⟶ 짧은뜨기 3코 늘려뜨기×1 ⟶ 짧은뜨기 1코 늘려뜨기×31

❸ 실을 자르고 마지막 고리로 빼내어 매듭을 짓습니다.

주머니 만들기

코바늘 6mm(10호)를 사용해 카키색 실로 사슬뜨기 15코를
뜹니다.

1~17단: 사슬뜨기(기둥코)×1 ⋯ 나머지 코에 짧은뜨기
= 총 15코씩

테두리

1단: 편물을 돌려가며 둥글게 이어 뜹니다.

❶ 사슬뜨기(기둥코)×1 ⋯ 짧은뜨기×14 ⋯ 짧은뜨기 2코 늘
려뜨기×1

❷ 옆으로 방향을 돌려서, 17단은 뜨지 않고, 이하 15개 단마
다 1코에 짧은뜨기 ⋯ 1단에서 짧은뜨기 2코 늘려뜨기

❸ 옆으로 방향을 돌려서, 첫코는 뜨지 않고, 짧은뜨기×13
⋯ 짧은뜨기 2코 늘려뜨기×1

❹ 옆으로 방향을 돌려서, 1단은 뜨지 않고, 이하 15개 단마
다 1코에 짧은뜨기 ⋯ 17단에서 짧은뜨기 1코 늘려뜨기 ⋯
시작 코에서 빼뜨기 = 총 68코

❺ 실을 자르고, 코바늘 3mm(5호)로 빨간색 실을 연결합니다.

2단: ❶ 사슬뜨기(기둥코)×1 ⋯ (짧은뜨기 1코 늘려뜨기×15
⋯ 짧은뜨기 3코 늘려뜨기×1 ⋯ 짧은뜨기 1코 늘려뜨기×17
⋯ 짧은뜨기 3코 늘려뜨기×1)×2 ⋯ 시작 코에서 빼뜨기

❷ 실을 자르고 마지막 고리로 빼내어 매듭을 짓습니다.
같은 방법으로 주머니를 1개 더 만듭니다.

손잡이 만들기

코바늘 6mm(10호)를 사용해 카키색 실로 사슬뜨기 35코를
뜹니다.

1~3단: 사슬뜨기(기둥코)×1 ⋯ 나머지 코에 짧은뜨기
= 총 35코씩

실을 자릅니다.

테두리

코바늘 3mm(5호)를 사용해 빨간색 실로 둥글게 이어갑니다.

❶ 사슬뜨기(기둥코)×1 ⋯ 짧은뜨기 1코 늘려뜨기×34 ⋯
짧은뜨기 3코 늘려뜨기×1

❷ 옆으로 방향을 돌려서, 첫코는 뜨지 않고, 짧은뜨기 1코
늘려뜨기×1 ⋯ 짧은뜨기 3코 늘려뜨기×1

❸ 옆으로 방향을 돌려서, 첫코는 뜨지 않고, 짧은뜨기 1코
늘려뜨기×33 ⋯ 짧은뜨기 3코 늘려뜨기×1

❹ 옆으로 방향을 돌려서, 첫코는 뜨지 않고, 짧은뜨기 1코
늘려뜨기×1 ⋯ 짧은뜨기 2코 늘려뜨기×1, 시작 코에서 빼
뜨기

실을 자르고, 마지막 고리로 빼내어 매듭을 짓습니다.

아플리케 모티브 만들기

사과

아이보리색 실로 실 고리를 만듭니다(9쪽 참고). 코바늘 3mm(5호)
를 사용해 나선형으로 아래 표와 같이 뜹니다.

단	설명	+/-	콧수
1	실 고리에 짧은뜨기×6		6
2	짧은뜨기 1코 늘려뜨기×6	+6	12
3	(짧은뜨기 1코 늘려뜨기×1 ⋯ 짧은뜨기×1)×6	+6	18
4	(짧은뜨기 1코 늘려뜨기×1 ⋯ 짧은뜨기×2)×6	+6	24
5	(짧은뜨기 1코 늘려뜨기×1 ⋯ 짧은뜨기×3)×6	+6	30
6	(짧은뜨기 1코 늘려뜨기×1 ⋯ 짧은뜨기×4)×6	+6	36
7	(짧은뜨기 1코 늘려뜨기×1 ⋯ 짧은뜨기×5)×6	+6	42
8	(짧은뜨기 1코 늘려뜨기×1 ⋯ 짧은뜨기×6)×6	+6	48
9	(짧은뜨기 1코 늘려뜨기×1 ⋯ 짧은뜨기×7)×6	+6	54
10	(짧은뜨기 1코 늘려뜨기×1 ⋯ 짧은뜨기×8)×6	+6	60
11	(짧은뜨기 1코 늘려뜨기×1 ⋯ 짧은뜨기×9)×6	+6	66
	실을 자르고 빨간색 실로 계속 이어갑니다.		
12	짧은뜨기×3 ⋯ 긴뜨기×10 ⋯ 짧은뜨기×16 ⋯ 긴뜨기×2 ⋯ 짧은뜨기×1 ⋯ 빼뜨기×1 ⋯ 짧은뜨기×1 ⋯ 긴뜨기×2 ⋯ 짧은뜨기×16 ⋯ 긴뜨기×10 ⋯ 짧은뜨기×3 ⋯ 빼뜨기×1		66

실을 자르고 마지막 고리로 빼내어 매듭을 짓습니다.

줄기

사과 꼭지 중앙 코에 갈색 실을 걸어서 사슬뜨기 6코를 뜹니
다. 첫코는 뜨지 않고, 다음 코부터 짧은뜨기 1코씩 뜨고, 실
을 처음 걸었던 코에 이르면 빼뜨기를 합니다. 실을 자르고
마지막 고리로 빼내어 매듭을 짓습니다.

잎사귀

줄기의 2번째 사슬코에 녹색 실을 걸어서 사슬뜨기 11코를 뜹니다.

1단: 사슬뜨기(기둥코)×1 ⸱⸱⸱ 짧은뜨기×1 ⸱⸱⸱ 긴뜨기×1 ⸱⸱⸱ 1길 긴뜨기×2 ⸱⸱⸱ 2길 긴뜨기×3 ⸱⸱⸱ 1길 긴뜨기×2 ⸱⸱⸱ 긴뜨기 ×1 ⸱⸱⸱ 짧은뜨기×1

2단: 1단 과정을 반복

잎의 뾰족한 부분에서 빼뜨기 1코를 뜹니다. 실을 자르고 마지막 고리로 빼내어 매듭을 짓습니다.

씨

검은색 자수실로 사과 중앙에 3개의 씨를 스트레이트 스티치로 수놓습니다.

마무리하기

❶ 실을 모두 안쪽에서 정리합니다.

❷ 사과 아플리케 모티브를 가방 덮개의 중앙에 꿰맵니다.

❸ 안감용 천은 29×4cm 1장(손잡이용), 13.5×14.5cm 2장 (주머니용), 78×29cm 1장(본체용), 38×23.5cm 1장(덮개 용)으로 자릅니다.

❹ 손잡이 안감은 네 변을 1cm씩 안쪽으로 접어 다림질합 니다. 양끝에서 5.5cm 떨어진 위치에 겉쪽이 마주 보도록 5mm 높이의 주름을 잡고 박음질합니다(아래 그림 1 참고).

❺ 손잡이 안감을 빨간색 테두리에 바짝 붙여 핀으로 고정한 다음, 공그르기로 바느질합니다. 손잡이 끝을 덮개의 2~6단 높이, 가장자리에서 9cm 떨어진 위치에 놓고 핀으로 고정한 다음, 바느질합니다.

❻ 주머니 안감은 네 변을 1cm씩 안쪽으로 접어 다림질한 다음, 본체에 핀으로 고정합니다. 이때 위치는 주머니의 1단 이 본체 8단 아래 나란히 놓이고, 가장자리에서 5cm 떨어진 곳입니다. 핀으로 고정한 다음, 공그르기로 바느질합니다.

❼ 본체 안감은 겉쪽이 서로 마주 보고 짧은 변끼리 겹치도 록 반으로 접습니다. 짧은 변과 바닥 쪽 변을 따라 시접 1cm 를 박음질합니다. 바닥 쪽 변의 양끝은 3cm 너비의 삼각형 모양으로 시접 처리하고 박음질합니다(아래 그림 2 참고).

❽ 본체 안감의 위쪽 변은 1cm 안쪽으로 접어 다림질합니 다. 가방 안에 잘 맞춰 넣고, 위쪽 변을 핀으로 고정한 다음, 공그르기로 바느질합니다.

❾ 덮개 안감은 네 변을 1cm씩 안쪽으로 접어 다림질합니 다. 덮개에 안감을 핀으로 고정한 다음, 공그르기로 바느질 합니다.

❿ 잠금 고리를 주머니와 덮개에 서로 마주 보도록 맞추어 고정합니다.

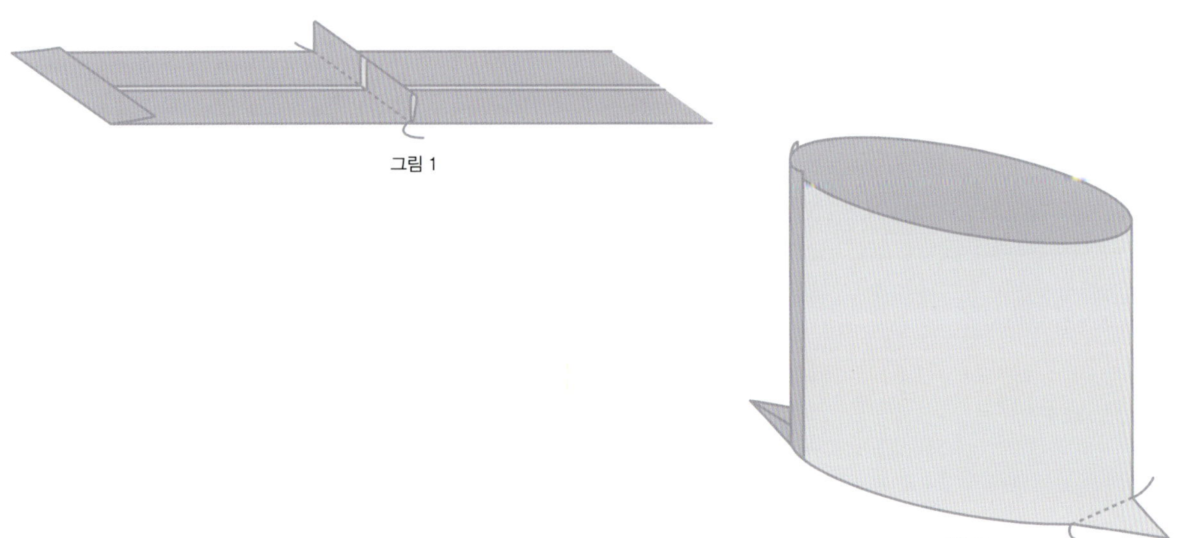

그림 1

그림 2

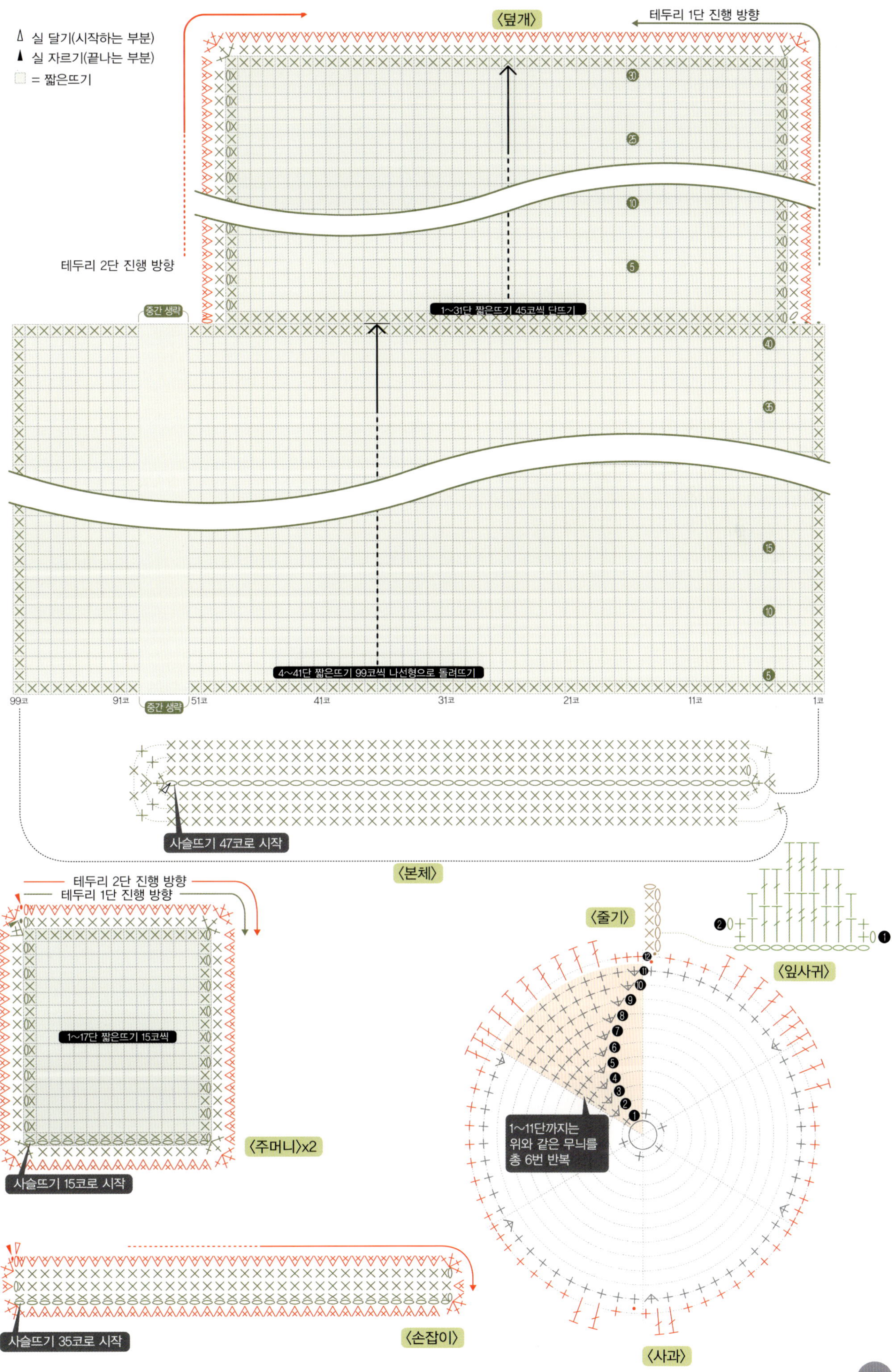

△ 실 달기(시작하는 부분)
▲ 실 자르기(끝나는 부분)
☐ = 짧은뜨기
〈덮개〉
테두리 1단 진행 방향
테두리 2단 진행 방향
중간 생략
1~31단 짧은뜨기 45코씩 덧뜨기
4~41단 짧은뜨기 99코씩 나선형으로 돌려뜨기
99코
91코
중간 생략
51코
41코
31코
21코
11코
1코
사슬뜨기 47코로 시작
〈본체〉
테두리 2단 진행 방향
테두리 1단 진행 방향
1~17단 짧은뜨기 15코씩
사슬뜨기 15코로 시작
〈주머니〉x2
사슬뜨기 35코로 시작
〈손잡이〉
〈줄기〉
〈잎사귀〉
1~11단까지는
위와 같은 무늬를
총 6번 반복
〈사과〉

Le salon 거실

Lampes vintage 빈티지 램프(전등갓 커버)

침실이나 거실에 놓여 있는 익숙해진 램프에
코바늘로 전등갓 커버를 직접 만들어 씌워보세요.
작은 아이디어가 집 안을 화사하게 만듭니다!

만드는 방법과 도안

준비물

- 실 : 베르제르(Bergère)사

  [빨간색 전등갓]
  - 바리지엔(Barisienne, Acrylic 100%c, 50g, 140m) :
    빨간색 1볼, 진분홍색 1볼, 연분홍색 1볼

  [흰색 전등갓]
  - 스포르(Sport, Acrylic 49%, Combed Wool 51%, 50g, 90m) : 흰색 2볼

사용 실		대체 실	
실 이름	색상	실 이름(제조사/제조국)	색상
바리지엔	빨간색	Partner 3,5 (필다르/프랑스)	84번 레드
		Dollymix DK(킹콜/영국)	09번 레드
		Sublime DK(서다/영국)	167번 레드
	진분홍색	Partner 3,5 (필다르/프랑스)	18번 핑크
		Dollymix DK(킹콜/영국)	77번 핫핑크
		Sublime DK(서다/영국)	196번 진핑크
	연분홍색	Partner 3,5 (필다르/프랑스)	04번 라이트핑크
		Dollymix DK(킹콜/영국)	06번 연핑크
		Sublime baby(서다/영국)	01번 베이비핑크
스포르	흰색	Dollymix DK(킹콜/영국)	01번 화이트

- 코바늘 4mm(7호)
- 전등갓이 있는 램프(높이 15cm, 지름 14~19.5cm) 1개

빨간색 전등갓 커버 만들기

연분홍색 실로 사슬뜨기 6코를 뜹니다. 1번째 사슬코에서 빼뜨기를 하여 사슬뜨기 원형코를 만듭니다.

1단 : 사슬뜨기(기둥코)×3 ⟶ (사슬뜨기×3 ⟶ 가운데 구멍에 바늘 넣어 1길 긴뜨기×3)×5 ⟶ 사슬뜨기×3 ⟶ 가운데 구멍에 바늘 넣어 1길 긴뜨기×2 ⟶ 첫 사슬뜨기(기둥코)의 3번째 코에 바늘 넣어 빼뜨기

2단 : 사슬뜨기(기둥코)×3 ⟶ 사슬뜨기×2 ⟶ 1번째 아치(도안의 검은색)에 1길 긴뜨기×3 ⟶ (사슬뜨기×2 ⟶ 다음 아치에 1길 긴뜨기×3 ⟶ 사슬뜨기×2 ⟶ 같은 아치에 1길 긴뜨기×3)×5 ⟶ 사슬뜨기×2 ⟶ 1번째 아치에 1길 긴뜨기×2 ⟶ 첫 사슬뜨기(기둥코)의 3번째 코에 바늘 넣어 빼뜨기

연분홍색 실을 자르고, 진분홍색 실로 계속 진행합니다.

3단 : 사슬뜨기(기둥코)×3 ⟶ {(사슬뜨기×2 ⟶ 2번째 아치에 1길 긴뜨기×3) ⟶ 사슬뜨기×2 ⟶ 다음 아치에 1길 긴뜨기×3 ⟶ 사슬뜨기×2 ⟶ 같은 아치에 1길 긴뜨기×3}×5 ⟶ ( )를 1번 반복 ⟶ 사슬뜨기×2 ⟶ 1번째 아치에 1길 긴뜨기×2 ⟶ 첫 사슬뜨기(기둥코)의 3번째 코에 바늘 넣어 빼뜨기

4단 : 사슬뜨기(기둥코)×3 ⟶ (사슬뜨기×2 ⟶ 2번째 아치에 1길 긴뜨기×3)×17 ⟶ 사슬뜨기×2 ⟶ 1번째 아치에 1길 긴뜨기 ⟶ 첫 사슬뜨기(기둥코)의 3번째 코에 바늘 넣어 빼뜨기

연분홍색 실을 자르고 빨간색 실을 연결합니다.

5~16단 : 4단과 같은 방법으로 뜹니다.

17~18단 : 사슬뜨기(기둥코)×3 ⟶ (사슬뜨기×2 ⟶ 2번째 아치에 1길 긴뜨기×3 ⟶ 사슬뜨기×2 ⟶ 다음 아치에 1길 긴뜨기×4)×8 ⟶ 사슬뜨기×2 ⟶ 다음 아치에 1길 긴뜨기×3 ⟶ 사슬뜨기×2 ⟶ 1번째 아치에 1길 긴뜨기×3 ⟶ 첫 사슬뜨기(기둥코)의 3번째 코에 바늘 넣어 빼뜨기

19단 : 사슬뜨기(기둥코)×3 ⋯ (사슬뜨기×2 ⋯ 2번째 아치에 1길 긴뜨기×4)×17 ⋯ 사슬뜨기×2 ⋯ 1번째 아치에 1길 긴 뜨기×3 ⋯ 첫 사슬뜨기(기둥코)의 3번째 코에 바늘 넣어 빼 뜨기

빨간색 실을 자르고 진분홍색 실을 연결합니다.

20단 : 19단과 같은 방법으로 뜹니다.

21단 : 사슬뜨기(기둥코)×3 ⋯ 1번째 아치에서 1길 긴뜨기 4코 팝콘뜨기 ⋯ (1코 건너뛰고, 짧은뜨기×3 ⋯ 다음 아치에 1길 긴 뜨기 5코 팝콘뜨기)×17 ⋯ 1코 건너뛰고, 짧은뜨기×2 ⋯ 이전 단 사슬뜨기(기둥코)의 3번째 코에 바늘을 넣어 짧은뜨기 ⋯ 첫 사슬뜨기(기둥코)의 1번째 코에 바늘 넣어 빼뜨기

흰색 전등갓 커버 만들기

흰색 실만을 사용해서, 빨간색 전등갓 커버와 같은 방법으로 4단까지 뜹니다.

5~20단 : 4단과 같은 방법으로 뜹니다.

21단 : 사슬뜨기(기둥코)×3 ⋯ 1번째 아치에서 1길 긴뜨기 4코 팝콘뜨기 ⋯ (1코 건너뛰고, 짧은뜨기×2 ⋯ 다음 아치에서 1길 긴뜨기 5코 팝콘뜨기)×17 ⋯ 1코 건너뛰고, 짧은뜨기×2 ⋯ 이전 단 사슬뜨기(기둥코)의 3번째 코에 바늘을 넣어 짧은 뜨기 ⋯ 첫 사슬뜨기(기둥코)의 1번째 코에 바늘 넣어 빼뜨기

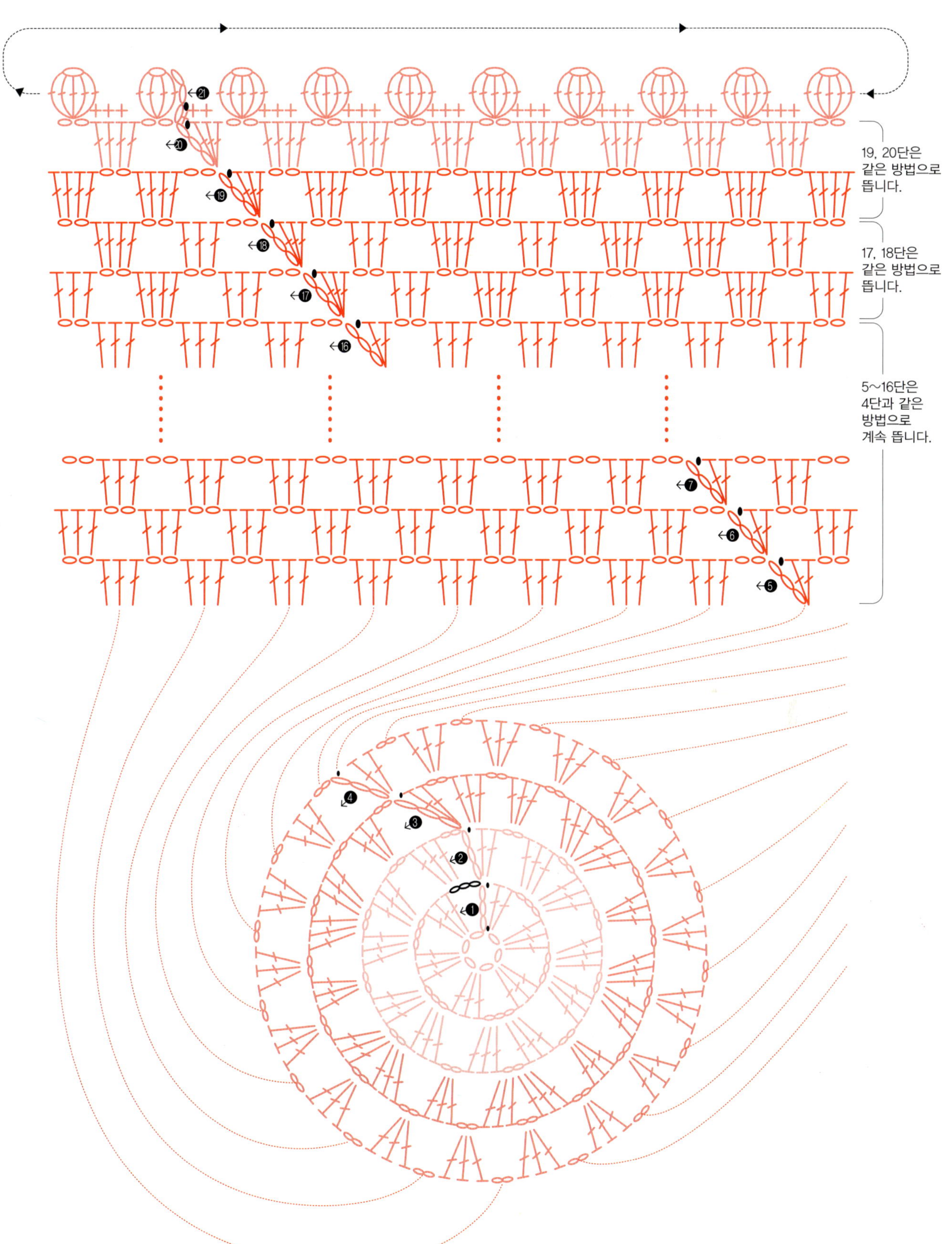

19, 20단은
같은 방법으로
뜹니다.
17, 18단은
같은 방법으로
뜹니다.
5~16단은
4단과 같은
방법으로
계속 뜹니다.

Tapis douceur 따뜻한 바닥 매트

사각 모티브 서른 개를 연결하여 완성한
바닥 매트입니다. 편안한 사람과 매트 위에 앉아
달콤한 디저트에 따뜻한 차 한 잔 어떠세요?

만드는 방법과 도안

준비물

- 실 : 베르제르(Bergère)사
  - 바리지엔(Barisienne, Acrylic 100%, 50g, 140m) : 빨간색 12볼, 진분홍색 10볼, 연분홍색 2볼

사용 실		대체 실	
실 이름	색상	실 이름(제조사/제조국)	색상
바리지엔	빨간색	Partner 3.5 (필다르/프랑스)	84번 레드
		Dollymix DK(킹콜/영국)	09번 레드
		Sublime DK(서다/영국)	167번 레드
	진분홍색	Partner 3.5 (필다르/프랑스)	18번 핑크
		Dollymix DK(킹콜/영국)	77번 핫핑크
		Sublime DK(서다/영국)	196번 진핑크
	연분홍색	Partner 3.5 (필다르/프랑스)	04번 라이트핑크
		Dollymix DK(킹콜/영국)	06번 연핑크
		Sublime baby (서다/영국)	01번 베이비핑크

- 코바늘 8mm
- 안감용 천(89×107cm)
- 재봉실 : 빨간색
- 바느질 도구

게이지

바리지엔 실 2겹으로 코바늘 8mm 사용, 모티브의 크기는 17×17cm

사각 모티브 만들기

연분홍색 실 2겹으로 사슬뜨기 3코를 뜹니다. 1번째 사슬코에서 빼뜨기를 하여 사슬뜨기 원형코를 만듭니다.

1단: 사슬뜨기(기둥코)×3 ⋯ {사슬뜨기×2 ⋯ 가운데 구멍에 바늘 넣어 1길 긴뜨기×3}×3 ⋯ 사슬뜨기×2 ⋯ 가운데 구멍에 바늘 넣어 1길 긴뜨기×2 ⋯ 첫 사슬뜨기(기둥코)의 3번째 코에 바늘 넣어 빼뜨기

연분홍색 실을 자르고 진분홍색 실을 연결합니다.

2단: 사슬뜨기(기둥코)×3 ⋯ 사슬뜨기×2 ⋯ 1번째 아치(도안의 파란색)에 1길 긴뜨기×3 ⋯ (사슬뜨기×1 ⋯ 다음 아치에 1길 긴뜨기×3 ⋯ 사슬뜨기×2 ⋯ 같은 아치에 1길 긴뜨기×3)×3 ⋯ 사슬뜨기×1 ⋯ 1번째 아치에 1길 긴뜨기×2 ⋯ 첫 사슬뜨기(기둥코)의 3번째 코에 바늘 넣어 빼뜨기

3단: 사슬뜨기(기둥코)×3 ⋯ 사슬뜨기×2 ⋯ 1번째 아치에 1길 긴뜨기×3 ⋯ (사슬뜨기×1 ⋯ 다음 아치에 1길 긴뜨기×3 ⋯ 사슬뜨기×1 ⋯ 다음 아치에 1길 긴뜨기×3 ⋯ 사슬뜨기×2 ⋯ 같은 아치에 1길 긴뜨기×3)×3 ⋯ 사슬뜨기×1 ⋯ 다음 아치에 1길 긴뜨기×3 ⋯ 사슬뜨기×1 ⋯ 1번째 아치에 1길 긴뜨기×2 ⋯ 첫 사슬뜨기(기둥코)의 3번째 코에 바늘 넣어 빼뜨기

4단: 사슬뜨기(기둥코)×3 ⋯ 사슬뜨기×3 ⋯ 1번째 아치에 1길 긴뜨기×3 ⋯ {사슬뜨기×1 ⋯ (다음 아치에 1길 긴뜨기×3 ⋯ 사슬뜨기×1)×2 ⋯ 다음 아치에 1길 긴뜨기×3 ⋯ 사슬뜨기×3 ⋯ 같은 아치에 1길 긴뜨기×3)}×3 ⋯ 사슬뜨기×1 ⋯ (다음 아치에 1길 긴뜨기×3 ⋯ 사슬뜨기×1)×2 ⋯ 1번째 아치에 1길 긴뜨기×2 ⋯ 첫 사슬뜨기(기둥코)의 3번째 코에 바늘 넣어 빼뜨기

진분홍색 실을 자르고 빨간색 실을 2겹으로 연결합니다.

5단: 사슬뜨기(기둥코)×1 ⋯ 첫코에 짧은뜨기×1 ⋯ (짧은뜨기 1코 늘려뜨기×1 ⋯ 짧은뜨기×17)×3 ⋯ 짧은뜨기 1코 늘려뜨기×1 ⋯ 짧은뜨기×16 ⋯ 첫 사슬뜨기(기둥코)에 바늘 넣어 빼뜨기

실을 자르고 마지막 고리로 빼내어 매듭을 짓습니다. 실은 모두 안쪽에서 정리합니다.

같은 방법으로 모티브 30개를 만듭니다.

모티브 잇기

10쪽 '모티브 잇기'를 참고하여 빨간색 실로 모티브를 연결합니다. 먼저 6개의 모티브를 연결하여 띠를 만든 다음, 5개의 띠를 서로 연결합니다.

테두리 장식하기

편물의 가장자리에 빨간색 실을 겁니다. 사슬뜨기(기둥코) 1코를 뜨고, 다음 코부터 짧은뜨기를 1코씩 떠나갑니다. 네 모서리에서는 짧은뜨기 2코 늘려뜨기를 합니다. 시작 코에 이르면 빼뜨기를 합니다.

실을 자르고 마지막 고리로 빼내어 매듭을 짓습니다. 실을 모두 안쪽에서 정리합니다.

마무리하기

안감은 네 변을 1cm씩 안쪽으로 접어 다림질합니다. 편물의 안쪽에 안감의 안쪽이 서로 닿도록 놓고 핀으로 고정한 다음, 둘레를 공그르기로 바느질합니다.

> ### 응용하기
>
> 이 작품은 원하는 색상으로 얼마든지 바꿀 수 있고, 모티브의 개수를 달리하여 더 작게, 또는 더 크게 만들 수 있습니다. 안감 크기는 테두리 장식을 제외한 완성된 편물의 크기를 재서 사방 1cm씩 더 하면 됩니다. 매트의 용도를 고려하여 안감 종류도 다양하게 바꿀 수 있습니다. 예를 들어 마룻바닥에 까는 큰 카펫은 더 두껍고 조밀한 컨버스 천을 사용하는 것이 좋습니다.

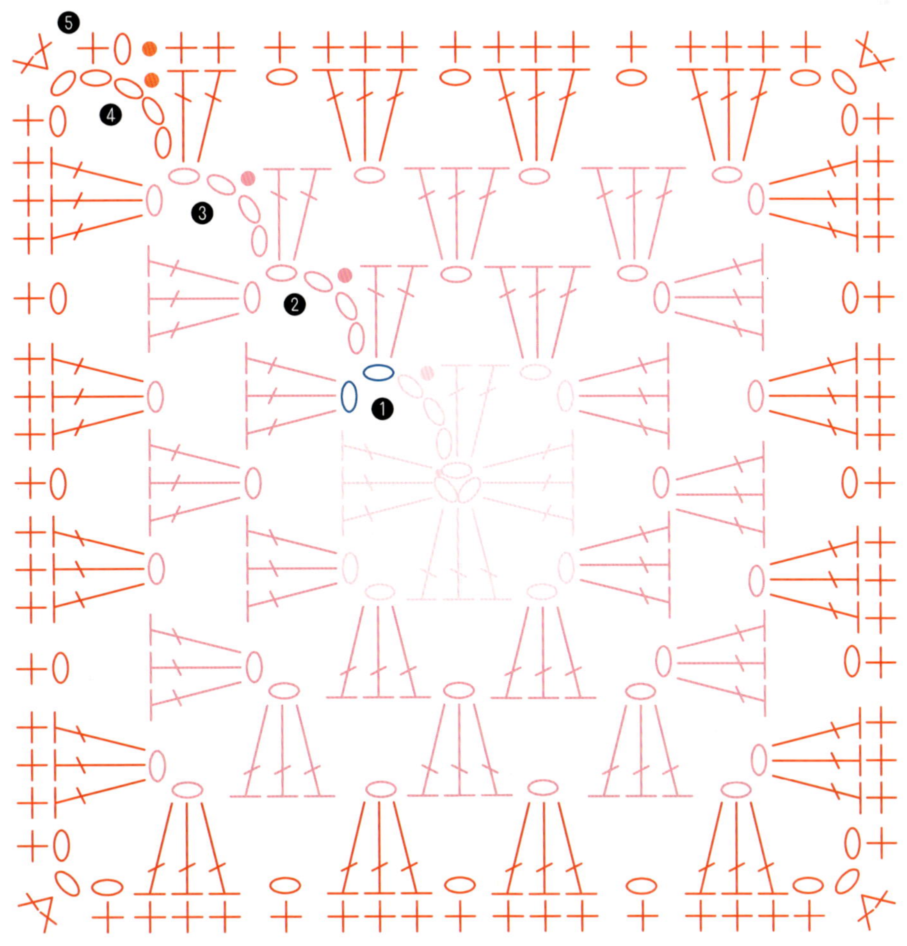

Jeu de quilles 볼링 세트

다 먹고 남은 플라스틱 우유병을 활용하여
볼링 세트를 만들어보세요. 거실에서 가족이 함께
조용하고 신나게 볼링을 즐길 수 있습니다!

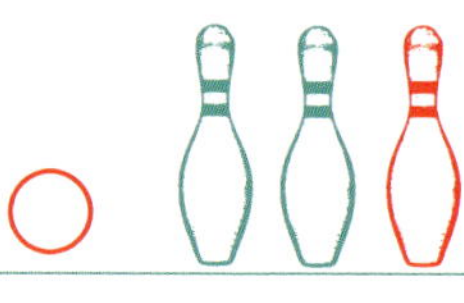

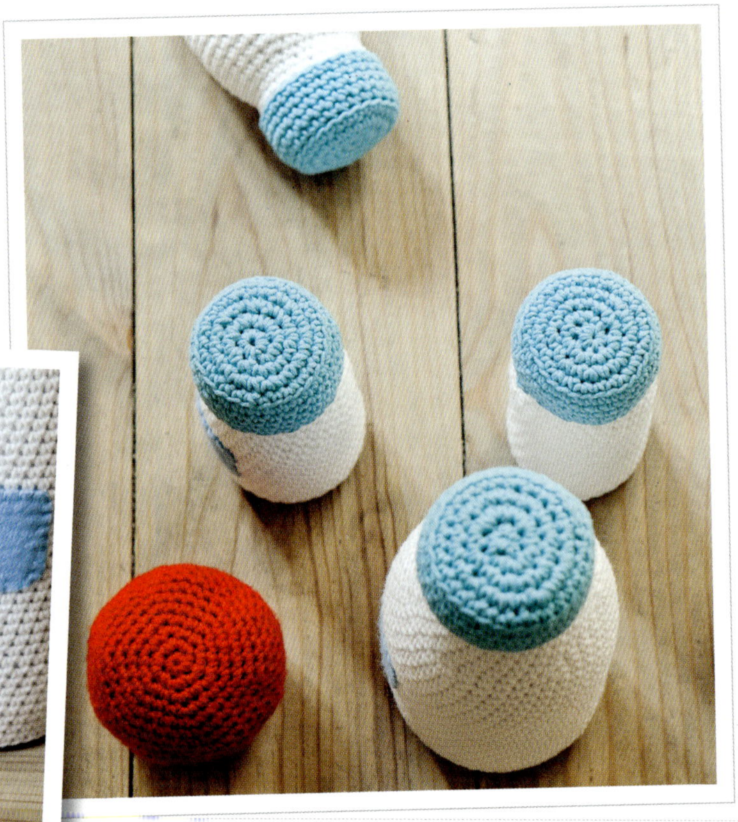

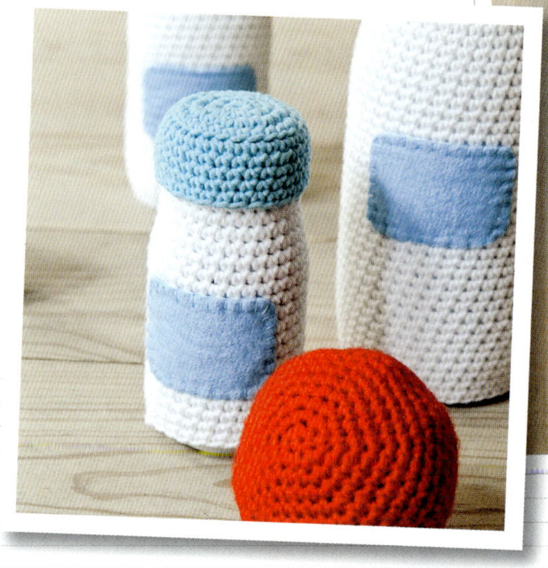

만드는 방법과 도안

준비물

- 실 : 베르제르(Bergère)사
  - 소노라(Sonora, Acrylic 50%, Cotton 50%, 50g, 115m) : 흰색 4볼, 하늘색 1볼
  - 바리지엔(Barisienne, Acrylic 100%, 50g, 140m) : 빨간색 1볼

사용 실		대체 실	
실 이름	색상	실 이름(제조사/제조국)	색상
소노라	흰색	Phil Thalassa (필다르/프랑스)	10번 화이트
		Cabotine(필다르/프랑스)	4번 화이트
	하늘색	Phil Thalassa (필다르/프랑스)	25번 스카이블루
		Cabotine(필다르/프랑스)	14번 아쿠아블루
바리지엔	빨간색	Dollymix DK(킹콜/영국)	09번 레드

- 코바늘 4mm(7호)
- 플라스틱 우유병 : 대 1개, 중 2개, 소 2개
- 펠트 : 40×10cm, 파란색
- 폴리에스테르 솜
- 재봉실 : 빨간색, 파란색
- 바느질 도구

게이지

소노라 실로 코바늘 7호 사용, 짧은뜨기 기준으로 사방 10cm에 13코 19단

큰 볼링핀 커버 만들기

흰색 실로 실 고리를 만듭니다(9쪽 참고). 단을 마무리 짓지 않고 나선형으로 둥글게 이어서 아래의 표와 같이 뜹니다.

단	설명	+/-	콧수
1	실 고리에 짧은뜨기×8		8
2	짧은뜨기 1코 늘려뜨기×8	+8	16
3	(짧은뜨기×1 ···› 짧은뜨기 1코 늘려뜨기×1)×8	+8	24
4~12	짧은뜨기×24		24
13~22	짧은뜨기와 짧은뜨기 1코 늘려뜨기를 번갈아가며 각 단마다 2코씩 고르게 늘려뜨기	(+2)×10	44
23~49	짧은뜨기×44		44
50	짧은뜨기×44 ···› 첫코에서 빼뜨기		44

실을 자르고 마지막 고리로 빼내어 매듭을 짓습니다.

중간 볼링핀 커버 만들기

흰색 실로 실 고리를 만듭니다. 단을 마무리 짓지 않고 나선형으로 둥글게 이어서 아래의 표와 같이 뜹니다.

단	설명	+/-	콧수
1~12	큰 볼링핀 커버 만들기와 같은 방법	+16	24
13~15	짧은뜨기와 짧은뜨기 1코 늘려뜨기를 번갈아가며 각 단마다 2코씩 고르게 늘려뜨기	(+2)×3	30
16~37	짧은뜨기×30		30
38	짧은뜨기×30 ···› 첫코에서 빼뜨기		30

실을 자르고 마지막 고리로 빼내어 매듭을 짓습니다.
같은 방법으로 중간 볼링핀 커버를 1개 더 만듭니다.

작은 볼링핀 커버 만들기

중간 볼링핀 만들기와 같은 방법으로 뜨다가, 26단에서 마무리합니다. 총 2개를 만듭니다.

뚜껑 커버 만들기

하늘색 실로 실 고리를 만듭니다. 단을 마무리 짓지 않고 나선형으로 둥글게 이어서 아래의 표와 같이 뜹니다.

단	설명	+/-	콧수
1	실 고리에 짧은뜨기×7		7
2	짧은뜨기 1코 늘려뜨기×7	+7	14
3	(짧은뜨기×1 ···▶ 짧은뜨기 1코 늘려뜨기×1)×7	+7	21
4	(짧은뜨기×2 ···▶ 짧은뜨기 1코 늘려뜨기×1)×7	+7	28
5	짧은뜨기×28		28
6	이랑뜨기×28		28
7~9	짧은뜨기×28		28
10	짧은뜨기×28 ···▶ 첫코에서 빼뜨기		28

실을 자르고 마지막 고리로 빼내어 매듭을 짓습니다.
같은 방법으로 뚜껑을 4개 더 만듭니다.

공 만들기

빨간색 실로 실 고리를 만듭니다. 71쪽 '사과 만들기' 표를 참고하여 21단까지 나선형으로 뜹니다. 실을 자르고 마지막 고리로 빼내어 매듭을 짓습니다.

마무리하기

❶ 실을 모두 안쪽에서 정리합니다.

❷ 편물로 만든 공 안에 솜을 꼼꼼하게 채워 넣고, 꼭지 부분을 재봉실로 단단하게 꿰맵니다.

❸ 볼링핀 커버는 크기에 맞는 우유병에 씌웁니다. 뚜껑 커버도 씌운 다음, 볼링핀 커버와 함께 공그르기로 바느질합니다.

❹ 펠트는 약 7×4.5cm 5장으로 자릅니다. 각각의 네 모서리는 둥글게 다듬습니다. 자른 펠트를 볼링핀 커버에 핀으로 고정한 다음, 블랭킷 스티치로 고정합니다.

> ### 응용하기
>
> 볼링핀을 솜으로 채우면 아랫집에 소음으로 피해를 줄 걱정이 전혀 없습니다. 만일 묵직한 것으로 채우고 싶다면, 화분용 돌(점토와 물을 혼합해 만든 작은 알갱이)이나 모래로 병의 반을 채워 사용합니다. 공도 마찬가지로 천 주머니에 모래를 채워 솜 대신 넣어 쓸 수도 있습니다. 볼링핀 커버는 벗기고 씌우기가 쉬우므로, 여행 갈 때는 접어서 가방 한쪽에 넣어가세요. 여행하는 동안 먹고 생긴 우유병을 활용해 어디서든 재미있게 볼링놀이를 할 수 있습니다.

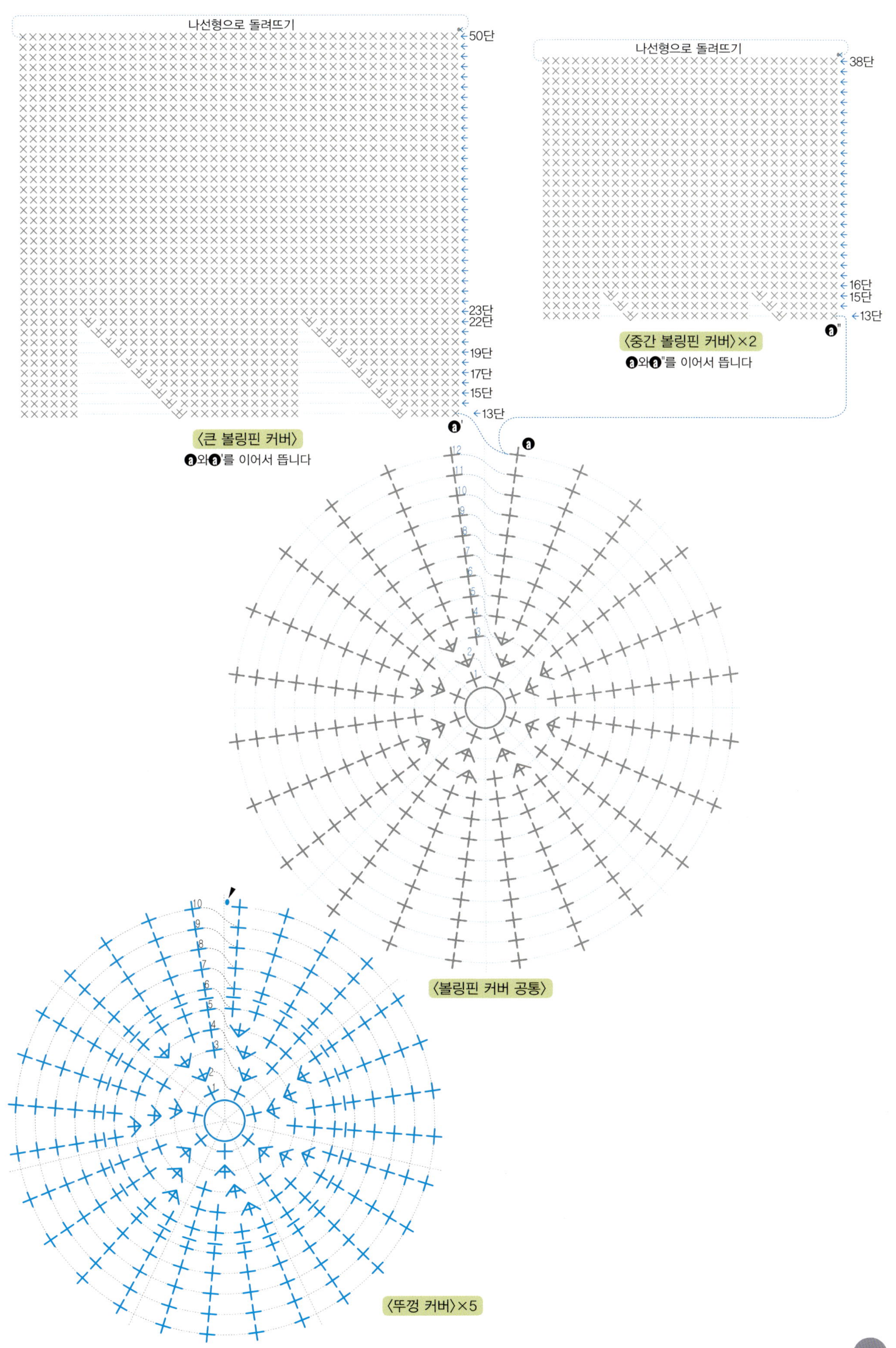

나선형으로 돌려뜨기
50단
←23단
←22단
←19단
←17단
←15단
←13단
〈큰 볼링핀 커버〉
ⓐ와ⓐ'를 이어서 뜁니다
나선형으로 돌려뜨기
38단
←16단
←15단
←13단
〈중간 볼링핀 커버〉×2
ⓐ'와ⓐ"를 이어서 뜁니다
ⓐ'
ⓐ
ⓐ"
〈볼링핀 커버 공통〉
〈뚜껑 커버〉×5

박스 종이를 활용하여 튼튼하고 예쁜
소품 보관함을 만들어 보세요. 집을 구성하는
요소들이 하나하나 재미있게 표현되어 있습니다!

만드는 방법과 도안

준비물

- 실 : 베르제르(Bergère)사
    - 스포르(Sport, Acrylic 49%, Combed Wool 51%, 50g, 90m) : 베이지색 2볼, 빨간색 1볼

사용 실		대체 실	
실 이름	색상	실 이름(제조사/제조국)	색상
스포르	베이지색	Zara Plus(필라투라 디 크로사/이탈리아)	1963번 라이트베이지
		Zarella(필라투라 디 크로사/이탈리아)	34번 아이보리
	빨간색	Zara Plus(필라투라 디 크로사/이탈리아)	26번 레드
		Zarella(필라투라 디 크로사/이탈리아)	245번 레드

- 코바늘 4mm(7호)
- 펠트 : 15×15cm, 빨간색
- 패브릭 A : 80×25cm, 흰색 도트무늬가 있는 빨간색
- 패브릭 B : 65×25cm, 파란색과 흰색이 섞인 체크무늬
- 박스 종이 : 크기 50×50cm, 두께 5mm
- 양면테이프
- 재봉실 : 흰색, 빨간색, 베이지색
- 바느질 도구

게이지

스포르 실로 코바늘 7호 사용, 짧은뜨기 기준으로 사방 10cm에 17코 19단

벽 만들기

베이지색 실로 사슬뜨기 29코를 뜹니다.

1~23단 : 사슬뜨기(기둥코)×1 ┈→ 나머지 코에 짧은뜨기 = 총 29코씩

실을 자르고 마지막 고리로 빼내어 매듭을 짓습니다.
실을 모두 안쪽에서 정리합니다.
같은 방법으로 벽을 3개 더 만듭니다.

지붕 만들기

빨간색 실로 사슬뜨기 33코를 뜹니다.

1단 : 사슬뜨기(기둥코)×1 ┈→ 나머지 코에 짧은뜨기 = 총 33코

2단 : 사슬뜨기(기둥코)×3 ┈→ 앞쪽 반 코에 바늘을 넣어, 1길 긴뜨기 1코 늘려뜨기×1 ┈→ (이랑뜨기×3 ┈→ 1길 긴뜨기 2코 늘려뜨기×1) ┈→ ( )를 단 끝까지 반복

3단 : 사슬뜨기(기둥코)×1 ┈→ 1단의 뒤쪽 반 코에 바늘을 넣어, 이랑뜨기×33

4단 : 사슬뜨기(기둥코)×1 ┈→ 짧은뜨기×33

5단 : 사슬뜨기(기둥코)×1 ┈→ 앞쪽 반 코에 바늘을 넣어 이랑뜨기×2 ┈→ (1길 긴뜨기 2코 늘려뜨기×1 ┈→ 이랑뜨기×3) ┈→ ( )를 3코 남을 때까지 반복 ┈→ 1길 긴뜨기 2코 늘려뜨기 ×1 ┈→ 이랑뜨기×2

6~7단 : 3~4단의 과정을 반복

8~25단 : 2~7단의 과정을 3번씩 반복

실을 자르고 마지막 고리로 빼내어 매듭을 짓습니다. 실을 모두 안쪽에서 정리합니다.
같은 방법으로 지붕을 1개 더 만듭니다.

연결하기

❶ 펠트는 5.5×8.5cm 1장(대문용), 6×6cm 2장(창문용)으로 자릅니다. 대문용 펠트는 위쪽을 둥글게 자릅니다. 3장의 펠트는 흰색 실을 사용하여 편물 벽 위에 버튼홀 스티치로 고정합니다.

❷ 박스 종이는 17×12cm 4장(벽면용), 18×23cm 1장(지붕용), 18×17cm 4장(바닥용), 17×6.5cm 2장(지붕 옆면 삼각형 부분)으로 자릅니다.

❸ 패브릭 A는 19×14cm 4장으로 자릅니다. 벽면용 박스 종이는 각각 안쪽이 중앙을 향하도록 합니다. 박스 종이 위에 천을 올려놓고, 천의 가장자리 남는 부분은 뒤로 접어 양면 테이프로 붙인 다음, 그 뒷면에 편물 벽을 붙입니다.

❹ 지붕용 박스 종이는 가운데가 잘 접히도록 살짝 홈을 냅니다. 패브릭 B는 20×25cm로 자릅니다. 벽과 마찬가지로, 지붕도 박스 종이 위에 천을 붙이고, 뒷면에 편물 지붕을 붙입니다. 지붕 가운데를 따라 공그르기를 하여 지붕 2개를 연결합니다.

❺ 패브릭 B는 20×19cm 2장으로 자릅니다. 1장은 겉쪽 바닥에 붙이고, 나머지 1장은 네 변을 1cm씩 안쪽으로 접어 다림질한 다음, 안쪽 바닥에 붙입니다.

❻ 바닥과 마찬가지로, 패브릭 A로 지붕 옆면을 씌웁니다.

❼ 사면의 벽이 서로 이어지는 안팎의 모서리는 공그르기로 연결하고, 그 위에 지붕을 꿰맵니다.

❽ 지붕 옆면도 지붕에 꿰매어 연결합니다. 뒤쪽 벽면의 위쪽에 지붕 옆면 아랫부분을 꿰맬 때는, 경첩 역할을 할 수 있도록 적당히 느슨한 바늘땀으로 연결합니다.

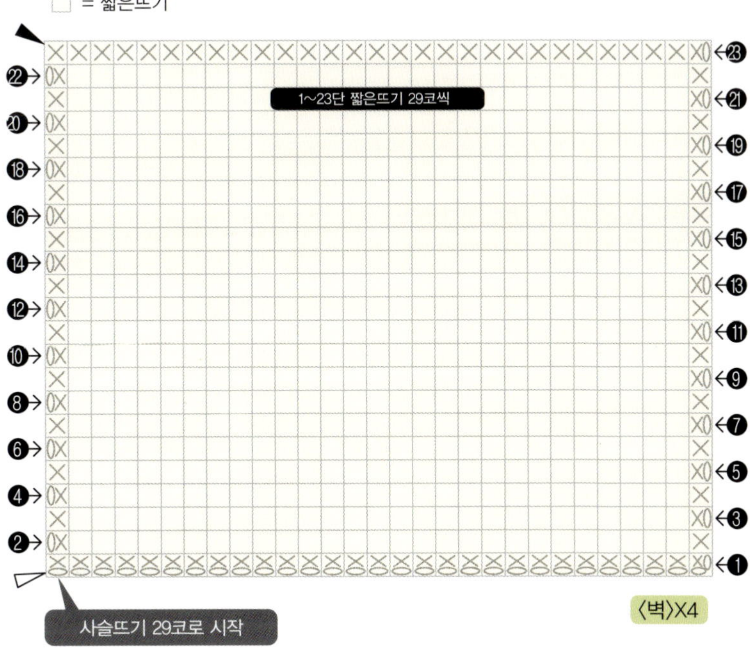

□ = 짧은뜨기
1~23단 짧은뜨기 29코씩
〈벽〉×4
사슬뜨기 29코로 시작

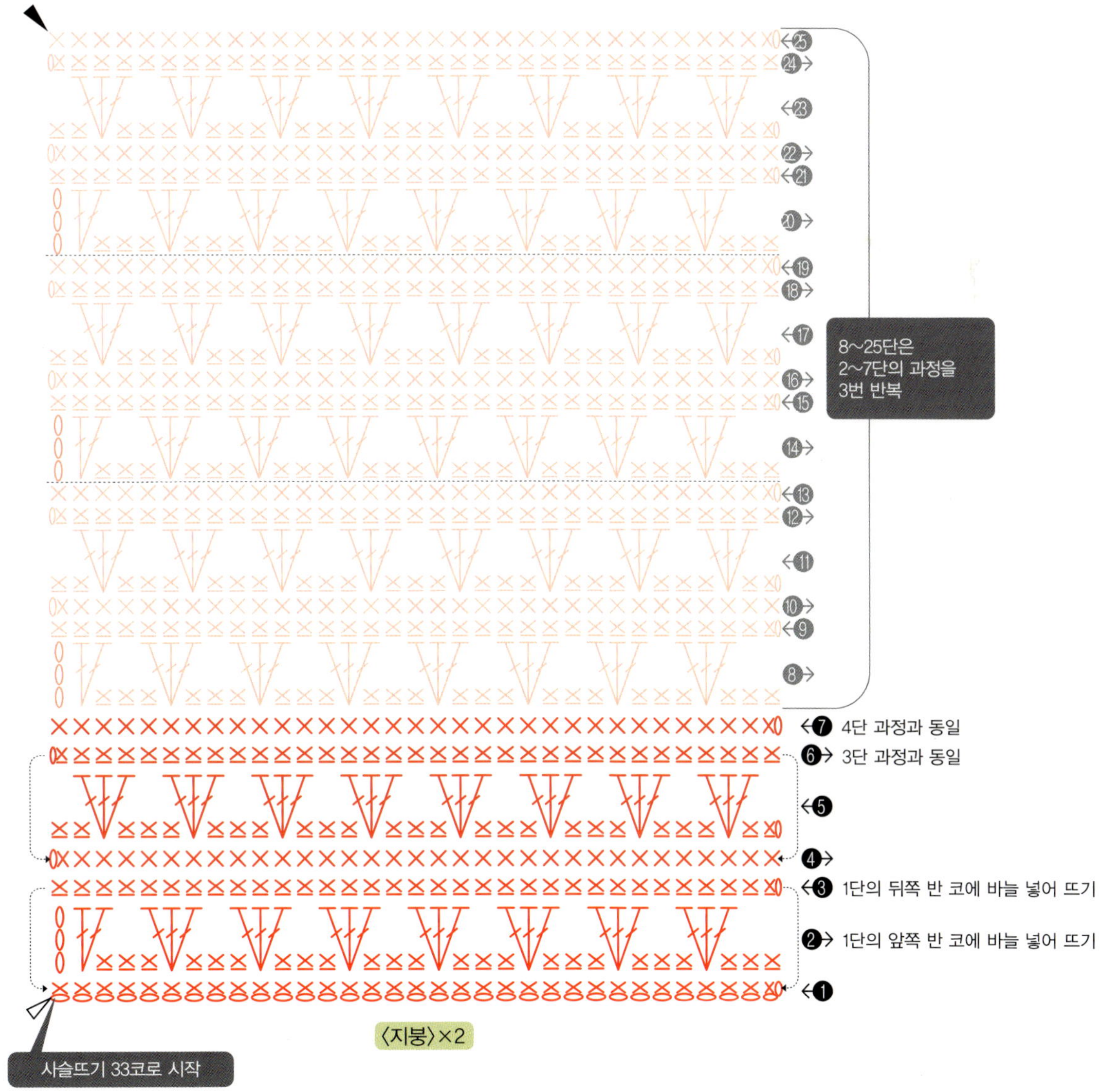

8~25단은
2~7단의 과정을
3번 반복
4단 과정과 동일
3단 과정과 동일
1단의 뒤쪽 반 코에 바늘 넣어 뜨기
1단의 앞쪽 반 코에 바늘 넣어 뜨기
〈지붕〉×2
사슬뜨기 33코로 시작

Le coussin carambar 카랑바 사탕 쿠션 

'카랑바(Caramba)'라는 사탕의 독특한 포장지
디자인을 따라 만든 귀여운 사탕 쿠션입니다.
인테리어에 훌륭한 포인트 소품이 되어줍니다!

만드는 방법과 도안

준비물

- 실 : 베르제르(Bergère)사
  - 스포르(Sport, Acrylic 49%, Combed Wool 51%, 50g, 90m) : 노란색 4볼, 흰색 1볼
  - 이데알(Idéal, Acrylic 30%, Polyamide 30%, Combed Wool 40%, 50g, 125m) : 빨간색 2볼

사용 실		대체 실	
실 이름	색상	실 이름(제조사/제조국)	색상
스포르	노란색	Zara (필라투라 디 크로사 /이탈리아)	1913번 옐로우
	흰색	Zara (필라투라 디 크로사 /이탈리아)	34번 아이보리
		Partner 3.5 (필다르/프랑스)	132번 아이보리
이데알	빨간색	Partner 3.5 (필다르/프랑스)	84번 레드

- 코바늘 6mm(10호)
- 천 : 94×42cm
- 펠트 : 50×10cm, 빨간색
- 폴리에스테르 솜
- 재봉실 : 빨간색
- 바느질 도구

게이지

스포르 실로 코바늘 10호 사용. 짧은뜨기 기준으로 사방 10cm에 13코 14단

쿠션 커버 만들기

노란색 실로 사슬뜨기 52코를 뜹니다. 1번째 사슬코에서 빼뜨기를 하여 사슬뜨기 원형코를 만듭니다.

몸통과 한쪽 끝

1단 : 사슬뜨기(기둥코)×1코 ⋯ 각 코에 짧은뜨기 = 총 52코
2~128단 : 짧은뜨기×52 = 총 52코씩

아래와 같이 색을 바꿔가며 단을 마무리 짓지 않고 나선형으로 둥글게 이어서 뜹니다.

노란색×104 ⋯ {흰색×9 ⋯ (빨간색 실 2겹으로×3 ⋯ 흰색 ×3)×2 ⋯ 빨간색 실 2겹으로×3 ⋯ 마지막에 빼뜨기×1}

다른 한쪽 끝

사슬뜨기 끝코에 흰색 실을 걸고 반대 방향으로 떠나갑니다.

1~24단 : { }를 1번 반복

실을 모두 안쪽에서 정리합니다.

마무리하기

❶ 펠트로 'CARAMBAR' 알파벳을 자릅니다(C와 B는 높이 8.5cm, 나머지는 높이 6.5cm). 편물의 노란색 몸통 중앙에 알파벳을 놓고 버튼홀 스티치로 고정합니다.

❷ 천은 겉쪽이 서로 마주 보고, 긴 변이 겹치도록 반을 접습니다. 천의 긴 변 가운데에 약 15cm의 창구멍을 남기고, 나머지 가장자리는 시접 1cm로 박음질합니다.

❸ 천의 네 모서리는 6cm 너비의 삼각형 모양으로 시접 처리하고 박음질합니다(아래 그림 참고).

❹ 천의 겉쪽이 바깥으로 나오도록 뒤집어 안에 솜을 채웁니다. 창구멍은 안쪽으로 시접을 접어 넣은 다음, 공그르기로 마무리합니다.

❺ 솜을 넣은 쿠션에 편물 커버를 씌웁니다. 쿠션의 양쪽 끝은, 노란색이 끝나는 다음 단에 흰색 실을 끼우고 오므려서 매듭을 짓습니다.

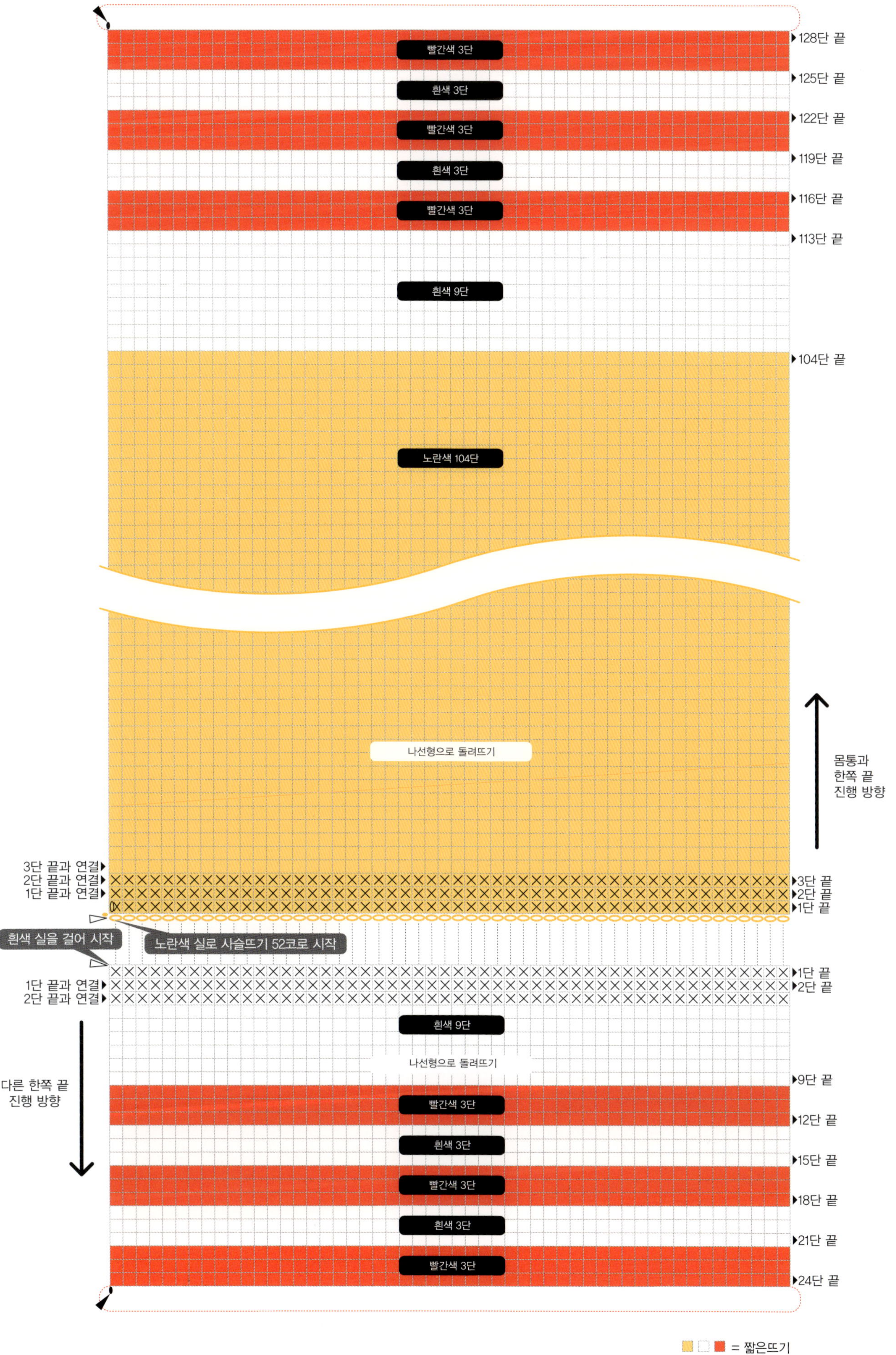
빨간색 3단
128단 끝
125단 끝
흰색 3단
빨간색 3단
122단 끝
119단 끝
흰색 3단
빨간색 3단
116단 끝
113단 끝
흰색 9단
104단 끝
노란색 104단
나선형으로 돌려뜨기
몸통과
한쪽 끝
진행 방향
3단 끝과 연결
2단 끝과 연결
1단 끝과 연결
3단 끝
2단 끝
1단 끝
흰색 실을 걸어 시작
노란색 실로 사슬뜨기 52코로 시작
1단 끝
1단 끝과 연결
2단 끝과 연결
2단 끝
흰색 9단
나선형으로 돌려뜨기
9단 끝
다른 한쪽 끝
진행 방향
빨간색 3단
12단 끝
흰색 3단
15단 끝
빨간색 3단
18단 끝
흰색 3단
21단 끝
빨간색 3단
24단 끝
= 짧은뜨기

La cuisine 주방

Fidèle serviteur 케이크 받침(오후의 티타임 쟁반)

손님을 초대했을 때 이 쟁반에 다과를 올려
대접해보세요. 주는 사람도 받는 사람도
기분이 좋아지는 쟁반입니다.
접시와 유리잔만 있으면 만들 수 있어요!

만드는 방법과 도안

준비물

- 실 : 베르제르(Bergère)사
    - 코튼 피프티(Coton Fifty, Acrylic 50%, Cotton 50%, 50g, 140m) : 민트색 1볼

사용 실		대체 실	
실 이름	색상	실 이름(제조사/제조국)	색상
코튼 피프티	민트색	Cabotine (필다르/프랑스)	01번 화이트블루
		Partner 3.5 (필다르/프랑스)	152번 에메랄드
		Phil Coton 3 (필다르/프랑스)	58번 에메랄드

- 코바늘 3mm(5호)
- 펠트 : 35×25cm, 하늘색
- 펠트 : 25×25cm, 흰색
- 패브릭용 양면접착테이프
- 쟁반용 접시 : 지름 22cm
- 쟁반 받침용 유리잔 : 높이 6cm, 지름 5~7.5cm
- 재봉실 : 하늘색
- 바느질 도구

쟁반 테두리 장식 만들기

사슬뜨기로 132코를 뜹니다(사슬뜨기 콧수는 접시 둘레와 길이가 같도록 조절합니다. 4의 배수이자 6의 배수로 잡아야 합니다). 1번째 사슬코에서 빼뜨기를 하여 사슬뜨기 원형코를 만듭니다.

1단 : 사슬뜨기(기둥코)×1 ⋯ 각 코에 짧은뜨기 ⋯ 시작 코에 이르면 빼뜨기 = 총 132코

2단 : {사슬뜨기(기둥코)×1 ⋯ 첫코는 건너뛰고 ⋯ 1길 긴뜨기 4코 늘려뜨기 ⋯ 1코 건너뛰고 ⋯ 빼뜨기×3} ⋯ { }를 단의 끝까지 반복

실을 자르고 마지막 고리로 빼내어 매듭을 짓습니다.
사슬뜨기의 끝코에 실을 걸고 반대 방향으로 떠나갑니다.

3단 : 사슬뜨기(기둥코)×1 ⋯ 각 코에 짧은뜨기 ⋯ 시작 코에 이르면 빼뜨기 = 총 132코

4단 : 사슬뜨기(기둥코)×1 ⋯ 각 코의 뒤쪽 반 코에 바늘 넣어 이랑뜨기

5단 : 사슬뜨기(기둥코)×1 ⋯ 각 코에 짧은뜨기

6단 : 사슬뜨기(기둥코)×1 ⋯ (짧은뜨기×3 ⋯ 1길 긴뜨기 5코 팝콘뜨기×1) ⋯ ( )를 단의 끝까지 반복 ⋯ 시작 코에 이르면 빼뜨기

실을 자르고 마지막 고리로 빼내어 매듭을 짓습니다.

쟁반 받침 만들기

사슬뜨기로 49코를 뜹니다(사슬뜨기 콧수는 유리잔 둘레와 길이가 같도록 조절합니다). 1번째 사슬코에서 빼뜨기를 하여 사슬뜨기 원형코를 만듭니다. 단을 마무리 짓지 않고 나선형으로 둥글게 이어서 뜹니다.

1단 : 사슬뜨기(기둥코)×1 ⋯ 각 코에 짧은뜨기 = 총 49코
2단 : 각 코에 짧은뜨기
3~14단 : 각 코에 짧은뜨기를 하되, 각 단에서 2코씩 줄이기 = 총 25코

마지막에 빼뜨기. 실을 자르고 마지막 고리로 빼내어 매듭을 짓습니다.

프릴 장식 만들기

사슬뜨기 끝코에 실을 겁니다.

1단: 사슬뜨기(기둥코)×1 ⋯ 각 코에 짧은뜨기 ⋯ 시작 코에 이르면 빼뜨기 = 총 49코

2단: 사슬뜨기(기둥코)×3 ⋯ 1길 긴뜨기 2코 늘려뜨기×1 ⋯ 각 코에 1길 긴뜨기 3코 늘려뜨기 ⋯ 시작 코에 이르면 빼뜨기

실을 자르고 마지막 고리로 빼내어 매듭을 짓습니다.

마무리하기

❶ 실을 모두 안으로 정리합니다.

❷ 접시 윗면의 치수를 재어 그것보다 1cm 작은 크기로 파란색 펠트를 둥글게 자릅니다.

❸ 접시 윗면에 패브릭용 양면접착테이프를 붙인 다음, 둥글게 자른 파란색 펠트지를 그 위에 붙입니다.

❹ ❷~❸과 같은 방법으로 접시 아랫면에 흰색 펠트를 붙입니다.

❺ 접시 둘레에 편물로 짠 쟁반 테두리 장식을 돌아가며 붙입니다.

❻ 편물로 만든 쟁반 받침 안에 유리잔을 넣고, 파란색 펠트를 지름 8cm의 원으로 잘라 그 밑에 댄 다음, 공그르기로 바느질합니다.

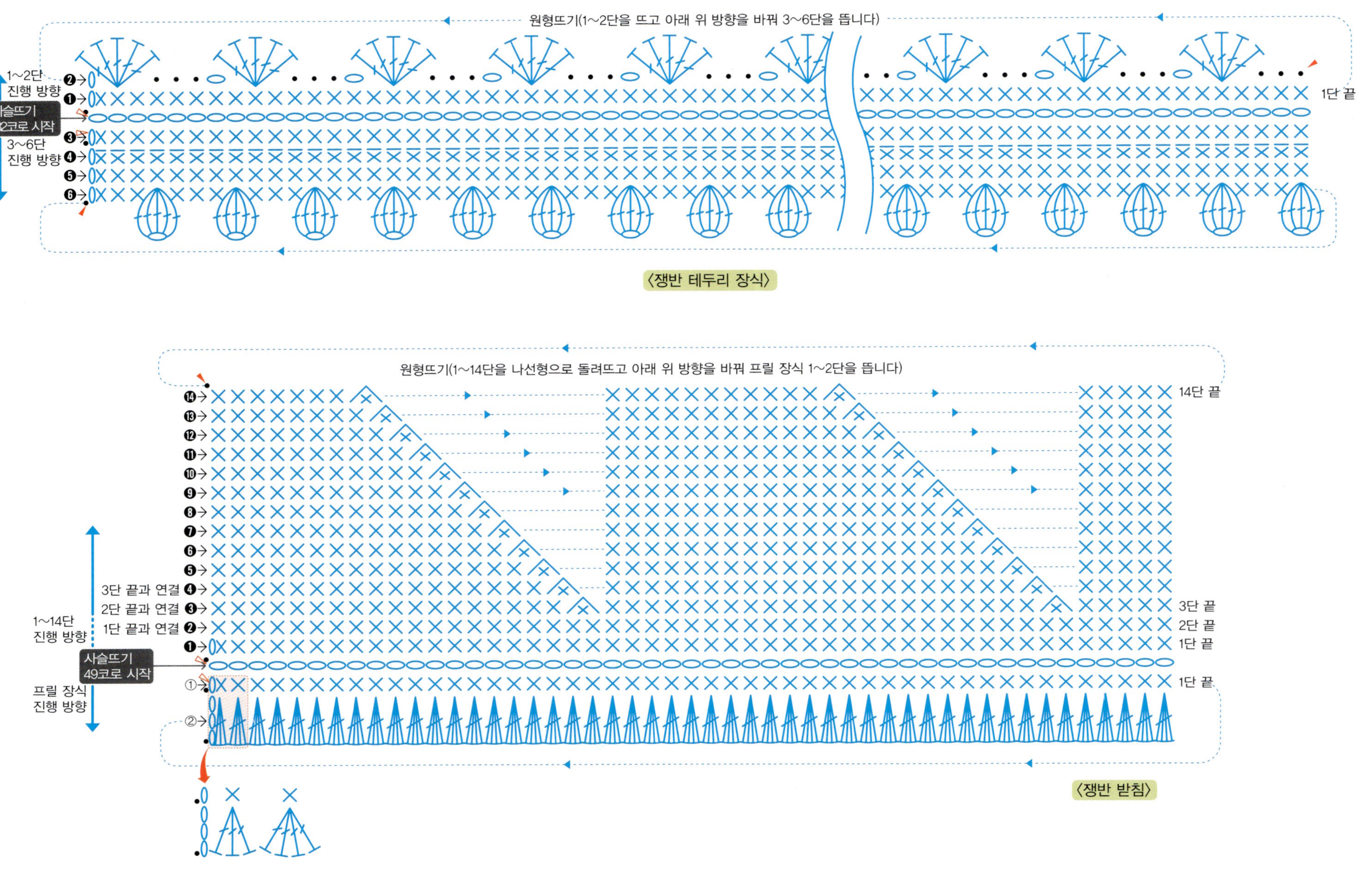

원형뜨기(1~2단을 뜨고 아래 위 방향을 바꿔 3~6단을 뜹니다)
1~2단 진행 방향
사슬뜨기 132코로 시작
3~6단 진행 방향
1단 끝
〈쟁반 테두리 장식〉
원형뜨기(1~14단을 나선형으로 돌려뜨고 아래 위 방향을 바꿔 프릴 장식 1~2단을 뜹니다)
14단 끝
1~14단 진행 방향
3단 끝과 연결
2단 끝과 연결
1단 끝과 연결
사슬뜨기 49코로 시작
프릴 장식 진행 방향
3단 끝
2단 끝
1단 끝
1단 끝
〈쟁반 받침〉

Pommes d'amour 사랑의 사과 

'사랑의 사과(Pommes d'amour)'는 사과 꼭지 부분에 막대를 꽂고 설탕이나 캐러멜 시럽에 담갔다가 먹는 프랑스 디저트의 하나입니다. 코바늘로 사랑의 사과를 만들어 소중한 사람에게 선물해보세요!

만드는 방법과 도안

준비물

- 실 : 베르제르(Bergère)사
  - 바리지엔(Barisienne, Acrylic 100%, 50g, 140m) : 빨간색 1볼
  - 오리진 실크(Origin Soie, Silk 100%, 50g, 115m) : 초록색 1볼, 갈색 1볼

사용 실		대체 실	
실 이름	색상	실 이름(제조사/제조국)	색상
바리지엔	빨간색	Dollymix DK(킹콜/영국)	09번 레드
		Zara Plus(필라투라 디 크로사/이탈리아)	26번 레드
오리진 실크	초록색	Dollymix DK(킹콜/영국)	39번 그린
		Zara Plus(필라투라 디 크로사/이탈리아)	409번 옐로우그린
	갈색	Partner 3.5 (필다르/프랑스)	17번 다크브라운

- 코바늘 4mm(7호)
- 폴리에스테르 솜
- 재봉실 : 빨간색, 녹색
- 바느질 도구

사과 만들기

빨간색 실로 실 고리를 만듭니다(9쪽 참고). 단을 마무리 짓지 않고 나선형으로 둥글게 이어서 아래의 표와 같이 뜹니다.

단	설명	+/-	콧수
1	실 고리에 짧은뜨기×6		6
2	짧은뜨기 1코 늘려뜨기×6	+6	12
3	(짧은뜨기×1 ⋯▸ 짧은뜨기 1코 늘려뜨기×1) ×6	+6	18
4	(짧은뜨기×2 ⋯▸ 짧은뜨기 1코 늘려뜨기×1) ×6	+6	24
5	(짧은뜨기×3 ⋯▸ 짧은뜨기 1코 늘려뜨기×1) ×6	+6	30
6	(짧은뜨기×4 ⋯▸ 짧은뜨기 1코 늘려뜨기×1) ×6	+6	36
7	(짧은뜨기×5 ⋯▸ 짧은뜨기 1코 늘려뜨기×1) ×6	+6	42
8~15	짧은뜨기×42		42
16	(짧은뜨기×5 ⋯▸ 짧은뜨기 2코 모아뜨기×1) ×6	-6	36
	편물 안에 솜을 채우고, 다음 단이 완성될 때마다 솜을 조금씩 더 채워나갑니다.		
17	(짧은뜨기×4 ⋯▸ 짧은뜨기 2코 모아뜨기×1) ×6	-6	30
18	(짧은뜨기×3 ⋯▸ 짧은뜨기 2코 모아뜨기×1) ×6	-6	24
19	(짧은뜨기×2 ⋯▸ 짧은뜨기 2코 모아뜨기×1) ×6	-6	18
20	(짧은뜨기×1 ⋯▸ 짧은뜨기 2코 모아뜨기×1) ×6	-6	12
21	짧은뜨기 2코 모아뜨기×6	-6	6

실 끝을 길게 남겨두고 자르고, 마지막 고리로 빼내어 매듭을 짓습니다. 사과의 움푹 들어간 모양을 만들기 위해 꼭지 부분에 바늘을 넣어 여러 번 정중앙을 통과하고 실을 단단하게 잡아당깁니다.

잎사귀 만들기

초록색 실로 사슬뜨기 15코를 뜹니다.

1단: ❶ 사슬뜨기(기둥코)×1 ⋯▶ 짧은뜨기×3 ⋯▶ 1길 긴뜨기×8
⋯▶ 짧은뜨기×4

❷ 위아래를 돌려서, 사슬뜨기(기둥코)×1 ⋯▶ 짧은뜨기×4
⋯▶ 1길 긴뜨기×8 ⋯▶ 짧은뜨기×3

2단: 사슬뜨기(기둥코)×2 ⋯▶ 짧은뜨기×3 ⋯▶ 1길 긴뜨기×8
⋯▶ 짧은뜨기×4 ⋯▶ 사슬뜨기×3

실을 자르고 마지막 고리로 빼내어 매듭을 짓습니다.

꼭지 만들기

갈색 실로 사슬뜨기 9코를 뜹니다.

1~2단: 사슬뜨기(기둥코)×1 ⋯▶ 나머지 코에 짧은뜨기
= 총 9코씩

실을 자르고 마지막 고리로 빼내어 매듭을 짓습니다.

마무리하기

실을 모두 안으로 정리합니다. 잎사귀와 꼭지를 꿰매고, 사과
에 함께 고정합니다.

응용하기

노란색 실로 황금사과를, 초록색 실로 풋사과를, 무지개 실로 알록
달록 사과를……. 다양한 색의 실로 사과를 만들어봅니다. 자홍색
실로 커다란 자두를 만들어보는 것은 어떨까요?

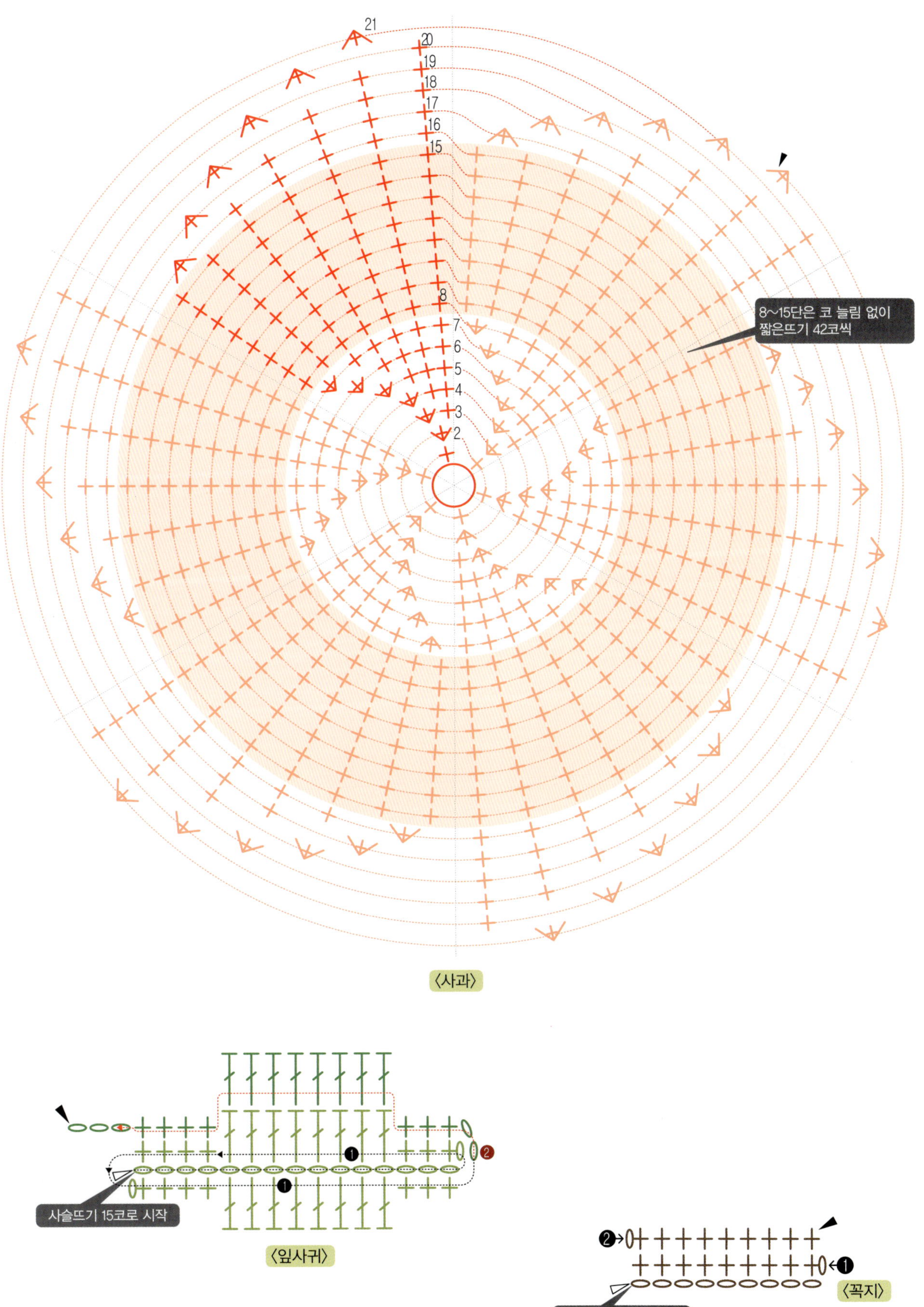

21
20
19
18
17
16
15
8
7
6
5
4
3
2
8~15단은 코 늘림 없이
짧은뜨기 42코씩
〈사과〉
사슬뜨기 15코로 시작
〈잎사귀〉
사슬뜨기 9코로 시작
〈꼭지〉

밭에서 막 따온 채소처럼 싱싱하고 파릇파릇한
접시받침입니다. 주방 한곳에 귀여운 완두 콩깍지와
함께 장식해보세요. 주방에 싱그러움을 더합니다!

만드는 방법과 도안

준비물

- 실 : 베르제르(Bergère)사
  - 바리지엔(Barisienne, Acrylic 100%, 50g, 140m): 녹색
    2볼
  - 매직플러스(Magic+ Acrylic, 49%, Combed Wool 51%,
    50g, 90m): 연두색 2볼

사용 실		대체 실	
실 이름	색상	실 이름(제조사/제조국)	색상
바리지엔	녹색	Zara Plus (필라투라 디 크로사 /이탈리아)	441번 그린
매직 플러스	연두색	Dollymix DK(킹콜/영국)	275번 라임
		Zara Plus (필라투라 디 크로사 /이탈리아)	409번 옐로우그린

- 코바늘 4mm(7호)

잎사귀 만들기

안쪽 잎사귀

녹색 실로 실 고리를 만듭니다(9쪽 참고). 단을 마무리 짓지
않고 나선형으로 둥글게 이어서 아래의 표와 같이 뜹니다.

단	설명	+/−	콧수
1	실 고리에 짧은뜨기×7		7
2	짧은뜨기 1코 늘려뜨기×7	+7	14
3	(짧은뜨기×1 ⋯ 짧은뜨기 1코 늘려뜨기×1)×7	+7	21
4	(짧은뜨기×2 ⋯ 짧은뜨기 1코 늘려뜨기×1)×7	+7	28
5	(짧은뜨기×3 ⋯ 짧은뜨기 1코 늘려뜨기×1)×7	+7	35
6	(짧은뜨기×4 ⋯ 짧은뜨기 1코 늘려뜨기×1)×7	+7	42
7	(짧은뜨기×5 ⋯ 짧은뜨기 1코 늘려뜨기×1)×7	+7	49
8	(짧은뜨기×6 ⋯ 짧은뜨기 1코 늘려뜨기×1)×7	+7	56
9	(짧은뜨기×7 ⋯ 짧은뜨기 1코 늘려뜨기×1)×7	+7	63
10	(짧은뜨기×8 ⋯ 짧은뜨기 1코 늘려뜨기×1)×7	+7	70
11	(짧은뜨기×9 ⋯ 짧은뜨기 1코 늘려뜨기×1)×7	+7	77
12	(짧은뜨기×10 ⋯ 짧은뜨기 1코 늘려뜨기×1)×7	+7	84
13	(짧은뜨기×11 ⋯ 짧은뜨기 1코 늘려뜨기×1)×7	+7	91
14	(짧은뜨기×12 ⋯ 짧은뜨기 1코 늘려뜨기×1)×7	+7	98
15	(짧은뜨기×13 ⋯ 짧은뜨기 1코 늘려뜨기×1)×7	+7	105
16	(짧은뜨기×14 ⋯ 짧은뜨기 1코 늘려뜨기×1)×7	+7	112
17	(짧은뜨기×15 ⋯ 짧은뜨기 1코 늘려뜨기×1)×7	+7	119
18	(짧은뜨기×16 ⋯ 짧은뜨기 1코 늘려뜨기×1)×7	+7	126
19	(짧은뜨기×17 ⋯ 짧은뜨기 1코 늘려뜨기×1)×7	+7	133
20	(짧은뜨기×18 ⋯ 짧은뜨기 1코 늘려뜨기×1)×7	+7	140
21	(짧은뜨기×19 ⋯ 짧은뜨기 1코 늘려뜨기×1)×7	+7	147
22	(짧은뜨기×20 ⋯ 짧은뜨기 1코 늘려뜨기×1)×7	+7	154
23	(앞쪽 반 코에 바늘을 넣어 1길 긴뜨기×21 ⋯ 1 길 긴뜨기 1코 늘려뜨기×1)×7	+7	161
24	각 코에 1길 긴뜨기 2코 늘려뜨기 ⋯ 마지막에 빼뜨기		483

실 끝을 길게 남겨두고 자르고, 마지막 고리로 빼내어 매듭
을 짓습니다.

바깥쪽 잎사귀

안쪽 잎사귀의 22단 첫코의 뒤쪽 반 코에 연두색 실을 겁니다.

1단: 사슬뜨기(기둥코)×3 ⋯ 각 코마다 뒤쪽 반 코에 1길 긴
뜨기 ⋯ 시작 코에 이르면 빼뜨기 = 총 154코

2단: 사슬뜨기(기둥코)×3 ⋯ 사슬뜨기(기둥코) 첫코에 바늘
넣어 1길 긴뜨기 1코 늘려뜨기 ⋯ 각 코마다 1길 긴뜨기 2코
늘려뜨기 ⋯ 시작 코에 이르면 빼뜨기 = 총 462코

3단: 사슬뜨기(기둥코)×3 ⋯ 각 코마다 1길 긴뜨기 ⋯ 시작
코에 이르면 빼뜨기

4단: 사슬뜨기(기둥코)×1 ⋯ 1코에 짧은뜨기+1길 긴뜨기 2코
늘려뜨기 ⋯ (짧은뜨기×1 ⋯ 1코에 짧은뜨기+1길 긴뜨기 2
코 늘려뜨기) ⋯ ( )을 단의 끝까지 반복 ⋯ 시작 코에 이르면
빼뜨기

실을 자르고 마지막 고리로 빼내어 매듭을 짓습니다. 실을
모두 안으로 정리합니다.

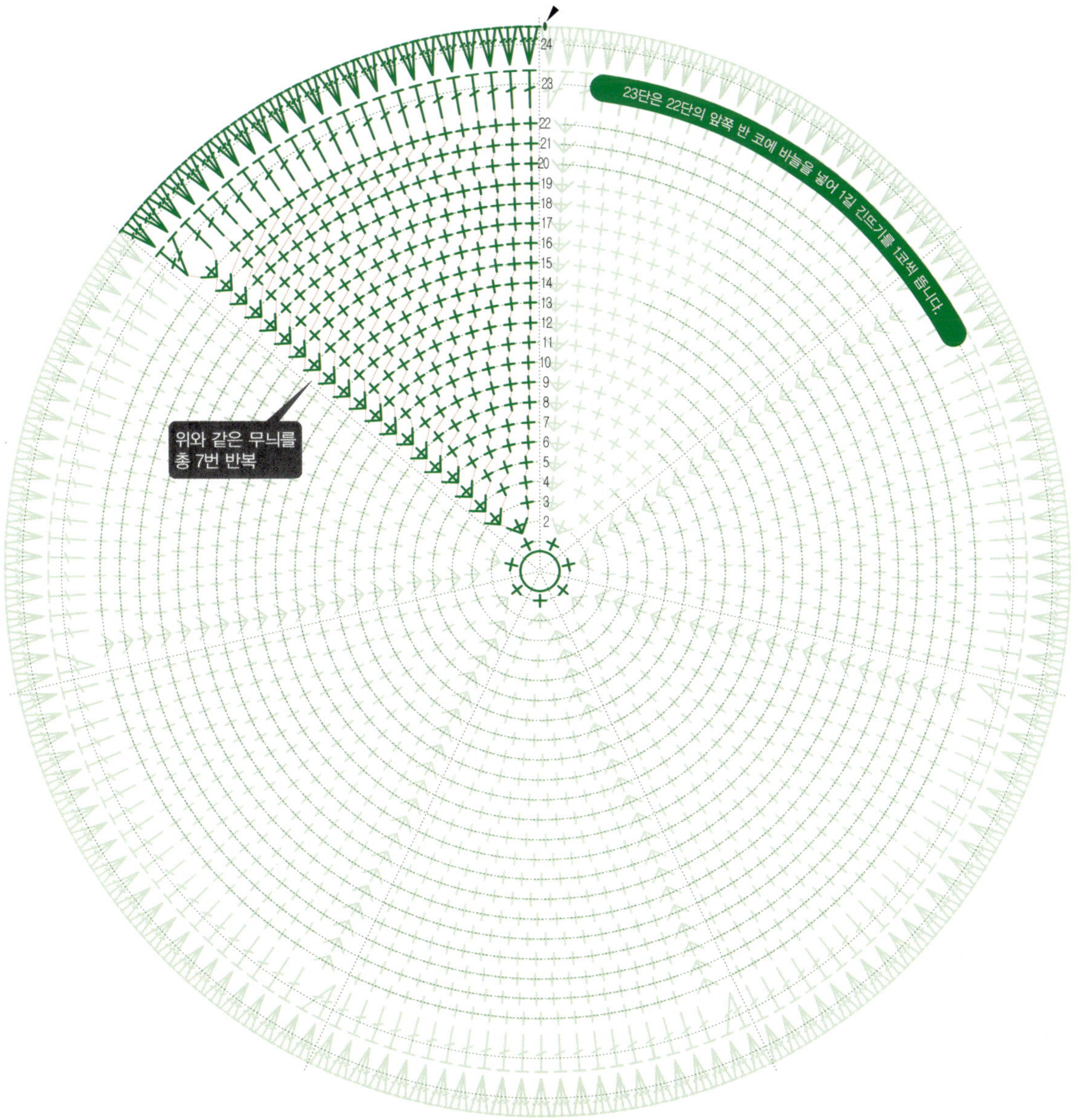

〈안쪽 잎사귀〉

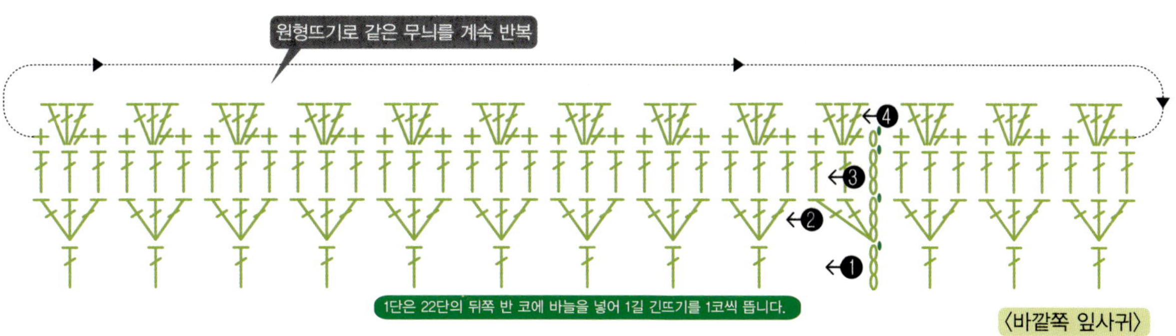

〈바깥쪽 잎사귀〉

준비물

- 실 : 베르제르(Bergère)사
  - 오리진 실크(Origin Soie, Silk 100%, 50g, 115m) : 초록색 1볼

사용 실		대체 실	
실 이름	색상	실 이름(제조사/제조국)	색상
오리진 실크	초록색	Phil Coton 3 (필다르/프랑스)	59번 소프트그린

- 코바늘 3mm(5호)
- 광택 있는 구슬 : 녹색(소) 6개, 회색(대) 3개
- 재봉실 : 녹색
- 바느질 도구

작은 콩깍지 만들기

사슬뜨기로 16코를 뜹니다.

1단 : 사슬뜨기(기둥코)×1 ⋯➤ 짧은뜨기×3 ⋯➤ 1길 긴뜨기×10 ⋯➤ 짧은뜨기×3 ⋯➤ 위아래 돌려서 짧은뜨기×3 ⋯➤ 1길 긴뜨기×10 ⋯➤ 짧은뜨기×3 = 총 32코

2단 : 각 코에 짧은뜨기 1코씩 뜨기 ⋯➤ 마지막에 빼뜨기 1코

실을 자르고 마지막 고리로 빼내어 매듭을 짓습니다. 실을 모두 안으로 정리합니다. 콩깍지 안에 녹색 구슬 6개를 넣고 꿰맵니다. 콩깍지의 한쪽 끝을 녹색 재봉실로 감아서 조입니다.

큰 콩깍지 만들기

1단까지 작은 콩깍지와 같은 방법으로 뜹니다.

2단 : (짧은뜨기×4 ⋯➤ 1길 긴뜨기×8 ⋯➤ 짧은뜨기×4)×2 ⋯➤ 마지막에 빼뜨기

회색 구슬 3개를 사용해, 작은 콩깍지와 같은 방법으로 마무리합니다.

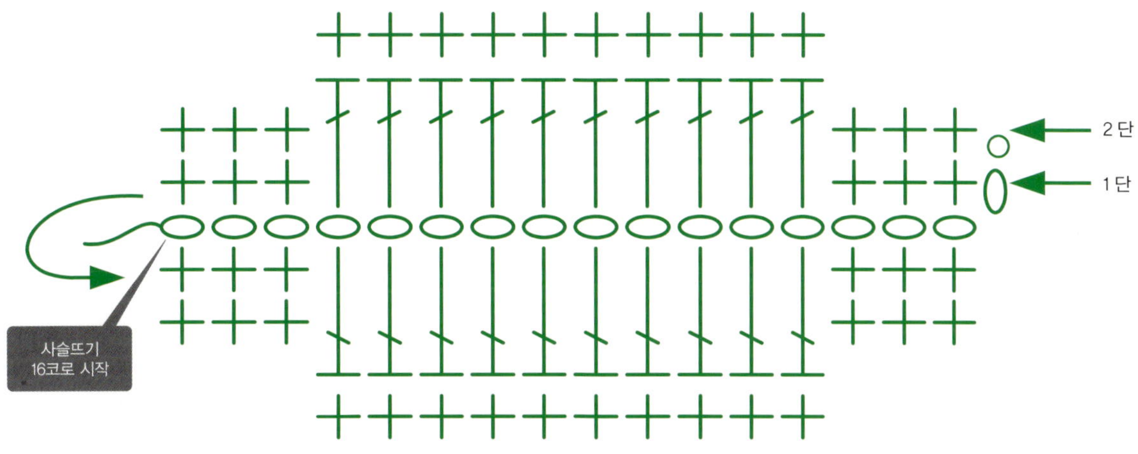

〈작은 콩깍지〉

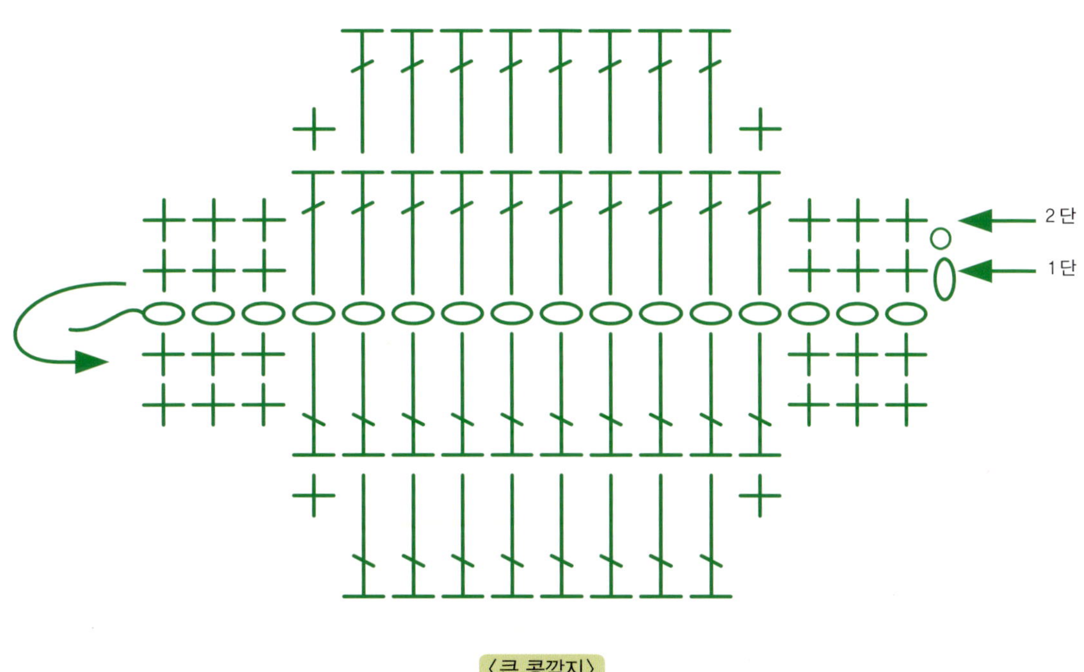

〈큰 콩깍지〉

앙증맞은 컵케이크와 예쁜 모티브 쟁반,
커다란 컵케이크 모양의 바구니만 있으면
재미있는 소꿉놀이를 바로 시작할 수 있습니다.
주방 소품으로도 손색없어요!

만드는 방법과 도안

준비물

- 실 : 베르제르(Bergère)사
  - 이데알(Idéal, Acrylic 30%, Polyamide 30%, Combed Wool 40%, 50g, 125m) : 연보라색 1볼, 진분홍색 1볼, 연분홍색 1볼
  - 소노라(Sonora, Acrylic 50%, Cotton 50%, 50g, 115m) : 연갈색 2볼
  - 매직플러스(Magic+, Acrylic 49%, Combed Wool 51%, 50g, 90m) : 연분홍색 1볼
  - 스포르(Sport, Acrylic 49%, Combed Wool 51%, 50g, 90m) : 흰색 1볼
  - 바리지엔(Barisienne, Acrylic 100%, 50g, 140m) : 빨간색 1볼
  - 코튼 피프티(Coton Fifty, Acrylic 50%, 50% Cotton, 50g, 140m) : 베이지색 1볼

사용 실		대체 실	
실 이름	색상	실 이름(제조사/제조국)	색상
이데알	연보라색	Sublime Baby (서다/영국)	346번 파스텔 바이올렛
		Partner 3.5 (필다르/프랑스)	04번 라이트핑크
	진분홍색	Sublime DK(서다/영국)	196번 진핑크
		Partner 3.5 (필다르/프랑스)	18번 핑크
	연분홍색	Sublime Baby (서다/영국)	01번 베이비핑크
		Partner3.5 (필다르/프랑스)	30번 미스티로즈
		Cabotine(필다르/프랑스)	17번 피치핑크
소노라	연갈색	Cabotine(필다르/프랑스)	07번 베이지
		AVISO(필다르/프랑스)	114번 라이트카키
매직 플러스	연분홍색	Cabotine(필다르/프랑스)	06번 피치
스포르	흰색	Dollymix DK(킹콜/영국)	01번 화이트
바리지엔	빨간색	Dollymix DK(킹콜/영국)	09번 레드
코튼 피프티	베이지색	Cabotine(필다르/프랑스) *2겹 사용	07번 베이지

- 코바늘 3.5mm(6호), 4mm(7호)
- 천 : 22×22cm
- 펠트 : 80×10cm, 흰색
- 펠트 : 20×20cm, 빨간색
- 폴리에스테르 솜
- 재봉실 : 흰색, 분홍색, 빨간색
- 바느질 도구

쟁반 만들기

모티브

코바늘 4mm(7호)를 사용해 진분홍색 실로 사슬뜨기 3코를 뜹니다. 1번째 사슬코에서 빼뜨기를 하여 사슬뜨기 원형코를 만듭니다.

1단 : 사슬뜨기(기둥코)×3 ⋯ 사슬뜨기×3 ⋯ (가운데 구멍에 바늘 넣어 1길 긴뜨기×3 ⋯ 사슬뜨기×3)×3 ⋯ 가운데 구멍에 바늘 넣어 1길 긴뜨기×2 ⋯ 사슬뜨기(기둥코) 3번째 코에서 빼뜨기

진분홍색 실을 자르고 연분홍색 실로 이어갑니다.

2단 : 사슬뜨기(기둥코)×3 ⋯ 사슬뜨기×3 ⋯ 1번째 아치(도안의 검은색)에서 1길 긴뜨기×3 ⋯ (사슬뜨기×1 ⋯ 다음 아치에서 1길 긴뜨기×3 ⋯ 사슬뜨기×3 ⋯ 같은 아치에서 1길 긴뜨기×3)×3 ⋯ 사슬뜨기×1 ⋯ 1번째 아치에서 1길 긴뜨기×2 ⋯ 사슬뜨기(기둥코) 3번째 코에서 빼뜨기

연분홍색 실을 자르고, 연보라색 실로 이어갑니다.

3단 : 사슬뜨기(기둥코)×3 ⋯ 사슬뜨기×3 ⋯ 1번째 아치에서 1길 긴뜨기×3 ⋯ (사슬뜨기×1 ⋯ 다음 아치에서 1길 긴뜨기×3 ⋯ 사슬뜨기×1 ⋯ 다음 아치에서 1길 긴뜨기×3 ⋯ 사슬뜨기×3 ⋯ 같은 아치에서 1길 긴뜨기×3)×3 ⋯ 사슬뜨기×1 ⋯ 다음 아치에서 1길 긴뜨기×3 ⋯ 사슬뜨기×1 ⋯ 1번째 아치에서 1길 긴뜨기×2 ⋯ 사슬뜨기(기둥코) 3번째 코에서 빼뜨기

실을 자르고 마지막 고리로 빼내어 매듭을 짓습니다. 실을 모두 안으로 정리합니다. 같은 방법으로 모티브를 총 9개 만듭니다.

모티브 잇기

❶ 모티브 2개를 겉쪽이 마주 보도록 겹쳐놓습니다. 2개의 모티브에 반 코씩 한꺼번에 바늘을 넣고, 연보라색 실을 걸어, 빼뜨기 11코로 1단을 뜹니다. 같은 방법으로 3개의 모티브를 연결하여 띠를 만든 다음, 3개의 띠를 서로 연결합니다 (10쪽 참고).

❷ 편물의 테두리에 바늘을 넣고 연보라색 실을 겁니다. 사슬뜨기로 기둥코 1코를 세우고, 각 코마다 짧은뜨기를 1코씩 뜹니다. 네 모서리의 아치에서는 짧은뜨기 3코를 뜹니다. 시작 코에 이르면 빼뜨기를 합니다.

❸ 실을 자르고 마지막 고리로 빼내어 매듭을 짓습니다. 실을 모두 안으로 정리합니다.

마무리하기

천은 네 변을 1cm씩 안쪽으로 접어 다림질합니다. 천과 편물의 안쪽이 서로 마주 보도록 겹쳐놓고, 핀으로 고정한 다음 공그르기로 바느질합니다.

컵케이크 만들기

컵케이크 바닥

베이지색 실 2겹으로 실 고리를 만듭니다(9쪽 참고).
코바늘 3.5mm(6호)를 사용해 단을 마무리 짓지 않고 나선형으로 둥글게 이어서 아래의 표와 같이 뜹니다.

단	설명	+/-	콧수
1	실 고리에 짧은뜨기×8		8
2	짧은뜨기 1코 늘려뜨기×8	+8	16
3	(1길 긴뜨기×2 ⋯ 1길 긴뜨기 1코 늘려뜨기×1)×4 ⋯ (1길 긴뜨기×1 ⋯ 1길 긴뜨기 1코 늘려뜨기×1)×2	+6	22
4	각 코에 1길 긴뜨기 1코씩 뜨기 ⋯ 마지막에 빼뜨기 1코		22

실을 자르고 마지막 고리로 빼내어 매듭을 짓습니다. 같은 방법으로 총 10개를 만듭니다.

진분홍색 컵케이크

진분홍색 실을 2겹으로 실 고리를 만듭니다.
코바늘 4mm(7호)를 사용해 단을 마무리 짓지 않고 나선형으로 둥글게 이어서 아래의 표와 같이 뜹니다.

단	설명	+/-	콧수
1	실 고리에 짧은뜨기×8		8
2	짧은뜨기 1코 늘려뜨기×8	+8	16
3	(짧은뜨기×1 ⋯ 짧은뜨기 1코 늘려뜨기×1)×8	+8	24
4~6	각 코에 짧은뜨기 1코씩, 6단 마지막 코에서 빼뜨기		24

진분홍색 실을 자르고, 계속하여 코바늘 4mm(7호)를 이용해 흰색 실 1겹으로 이어갑니다.

7단: 사슬뜨기(기둥코)×1 ⋯ (짧은뜨기×1 ⋯ 1길 긴뜨기 5코 팝콘뜨기×1)×12 ⋯ 시작 코에 이르면 빼뜨기

흰색 실을 자르고 바늘에 걸린 고리로 빼냅니다.

체리: 흰색 실을 컵케이크의 꼭지에 겁니다. 사슬뜨기×4 ⋯ 사슬뜨기 3번째 코에 1길 긴뜨기 5코 늘려뜨기×1 ⋯ 다음 코에서 빼뜨기

실을 자르고 마지막 고리로 빼내어 매듭을 짓습니다. 같은 방법으로 진분홍색 컵케이크 총 5개를 만듭니다.

9	(짧은뜨기×7 ⋯ 짧은뜨기 1코 늘려뜨기×1)×7	+7	63
10	(짧은뜨기×8 ⋯ 짧은뜨기 1코 늘려뜨기×1)×7	+7	70
11	(짧은뜨기×9 ⋯ 짧은뜨기 1코 늘려뜨기×1)×7	+7	77
12	(짧은뜨기×10 ⋯ 짧은뜨기 1코 늘려뜨기×1)×7	+7	84
13~20	각 코마다 짧은뜨기 1코씩		84
21~24	각 코마다 짧은뜨기 1코씩 뜨되, 각 단마다 2코씩 줄이기	−8	76
25~26	각 코마다 짧은뜨기 1코씩 뜨기 ⋯ 마지막에 빼뜨기		76

실을 자르고 마지막 고리로 빼내어 매듭을 짓습니다.

뚜껑

연분홍색(매직플러스) 실로 실 고리를 만듭니다. 코바늘 4mm (7호)를 사용해 단을 마무리 짓지 않고 나선형으로 둥글게 이어서 아래의 표와 같이 뜹니다.

단	설명	+/−	콧수
1	실 고리에 짧은뜨기×8		8
2	짧은뜨기 1코 늘려뜨기×8	+8	16
3	(짧은뜨기 1코 늘려뜨기×1 ⋯ 짧은뜨기×1)×8	+8	24
4	(짧은뜨기 1코 늘려뜨기×1 ⋯ 짧은뜨기×2)×8	+8	32
5	(짧은뜨기 1코 늘려뜨기×1 ⋯ 짧은뜨기×3)×8	+8	40
6	(짧은뜨기 1코 늘려뜨기×1 ⋯ 짧은뜨기×4)×8	+8	48
7	(짧은뜨기 1코 늘려뜨기×1 ⋯ 짧은뜨기×5)×8	+8	56
8	(짧은뜨기 1코 늘려뜨기×1 ⋯ 짧은뜨기×6)×8	+8	64
9	(짧은뜨기 1코 늘려뜨기×1 ⋯ 짧은뜨기×15)×4	+8	68
10	(짧은뜨기 1코 늘려뜨기×1 ⋯ 짧은뜨기×16)×4	+8	72
11	(짧은뜨기 1코 늘려뜨기×1 ⋯ 짧은뜨기×17)×4	+8	76
12	(짧은뜨기 1코 늘려뜨기×1 ⋯ 짧은뜨기×18)×4	+8	80
13	(짧은뜨기 1코 늘려뜨기×1 ⋯ 짧은뜨기×19)×4	+8	84
14	(짧은뜨기 1코 늘려뜨기×1 ⋯ 짧은뜨기×20)×4	+8	88
15~18	각 코마다 짧은뜨기 1코씩 ⋯ 마지막에 빼뜨기		88

실을 자르고 마지막 고리로 빼내어 매듭을 짓습니다.

연분홍색 컵케이크

연분홍색 실 2겹으로 진분홍색 컵케이크와 같은 방법으로 6단까지 뜹니다. 연분홍색 실을 자르고 흰색 실 1겹으로 이어 갑니다.

7단: 사슬뜨기(기둥코)×1 ⋯ (짧은뜨기×1 ⋯ 1길 긴뜨기 2코 늘려뜨기×1)×12 ⋯ 다음 코에서 빼뜨기

흰색 실을 자르고 마지막 고리로 빼내어 매듭을 짓습니다.

체리: 빨간색 실 1겹으로 진분홍색 컵케이크와 같은 방법 같은 방법으로 연분홍색 컵케이크 총 5개를 만듭니다.

마무리하기

실을 모두 안으로 정리합니다. 컵케이크와 컵케이크 바닥을 핀으로 고정한 다음, 공그르기로 바느질하면서 컵케이크 안을 솜으로 채워나갑니다.

바구니 만들기

바구니

연갈색 실로 실 고리를 만듭니다. 코바늘 4mm(7호)를 사용해 단을 마무리 짓지 않고 나선형으로 둥글게 이어서 아래의 표와 같이 뜹니다.

단	설명	+/−	콧수
1	실 고리에 짧은뜨기×7		7
2	짧은뜨기 1코 늘려뜨기×7	+7	14
3	(짧은뜨기×1 ⋯ 짧은뜨기 1코 늘려뜨기×1)×7	+7	21
4	(짧은뜨기×2 ⋯ 짧은뜨기 1코 늘려뜨기×1)×7	+7	28
5	(짧은뜨기×3 ⋯ 짧은뜨기 1코 늘려뜨기×1)×7	+7	35
6	(짧은뜨기×4 ⋯ 짧은뜨기 1코 늘려뜨기×1)×7	+7	42
7	(짧은뜨기×5 ⋯ 짧은뜨기 1코 늘려뜨기×1)×7	+7	49
8	(짧은뜨기×6 ⋯ 짧은뜨기 1코 늘려뜨기×1)×7	+7	56

뚜껑 테두리 장식

뚜껑의 17단에 흰색 실을 겁니다. 사슬뜨기(기둥코)×1
⋯ (짧은뜨기×2 ⋯ 1길 긴뜨기 5코 팝콘뜨기×1) ⋯ ( )를 단
의 끝까지 반복 ⋯ 시작 코에 이르면 빼뜨기
실을 자르고 마지막 고리로 빼내어 매듭을 짓습니다.

뚜껑 프릴 장식

흰색 실로 사슬뜨기 25코를 뜹니다. 사슬뜨기(기둥코)×3
⋯ 1코 건너뛰고, 1길 긴뜨기 3코 늘려뜨기 ⋯ 각 코마다 1길
긴뜨기 4코 늘려뜨기 ⋯ 마지막에 빼뜨기
실을 자르고 마지막 고리로 빼내어 매듭을 짓습니다.

뚜껑 체리 장식

빨간색 실로 실 고리를 만듭니다. 나선형으로 둥글게 이어서
아래의 표와 같이 뜹니다. 뜨면서 솜을 조금씩 채워 넣습니다.

단	설명	+/−	콧수
1	실 고리에 짧은뜨기×8		8
2	짧은뜨기 1코 늘려뜨기×8	+8	16
3~5	각 코마다 짧은뜨기 1코씩		16
6	짧은뜨기 2코 모아뜨기×8	−8	8
7	짧은뜨기 2코 모아뜨기×4	−4	4

실을 자르고 마지막 고리로 빼내어 매듭을 짓습니다.

마무리하기

❶ 실을 모두 안으로 정리합니다.
❷ 체리 장식을 뚜껑의 꼭지에 꿰맵니다. 프릴 장식은 주름
을 살짝 잡아가면서 뚜껑에 고정합니다.
❸ 빨간색 펠트를 지름 15cm의 원으로 자릅니다. 뚜껑 안쪽
에 펠트를 대고, 불룩한 부분이 없도록 가장자리에 잔주름을
만들어가면서 핀으로 고정한 다음, 공그르기로 바느질합니다.
❹ 흰색 펠트를 지름 16cm의 원 1장과 50×7cm의 띠 1장으
로 자릅니다. 원은 바구니 바닥에, 띠는 안쪽 벽면을 따라 공
그르기로 고정합니다.

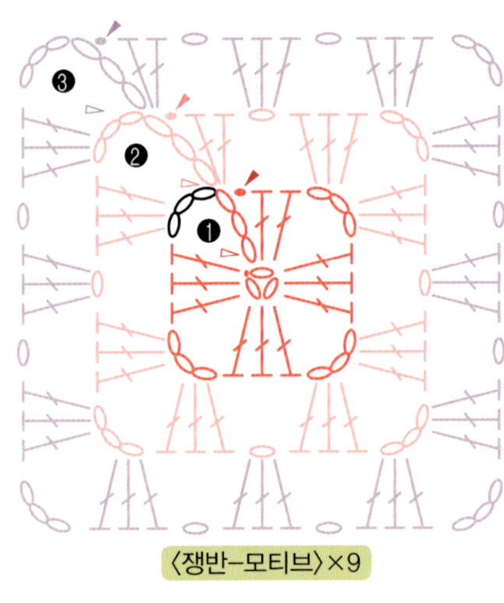
〈쟁반-모티브〉×9

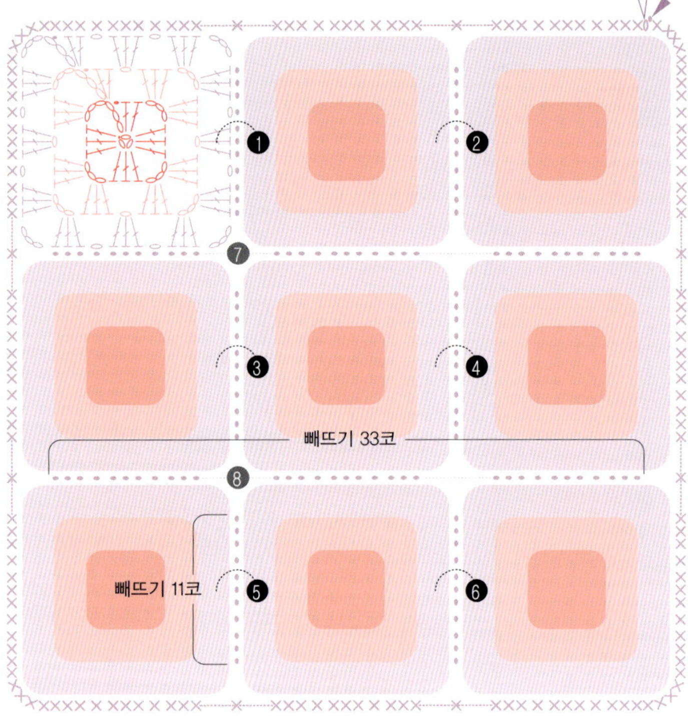

〈쟁반-연결〉

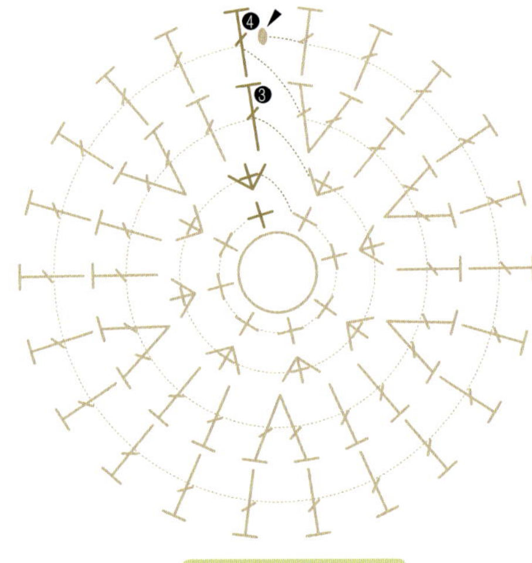
〈컵케이크 바닥〉×10

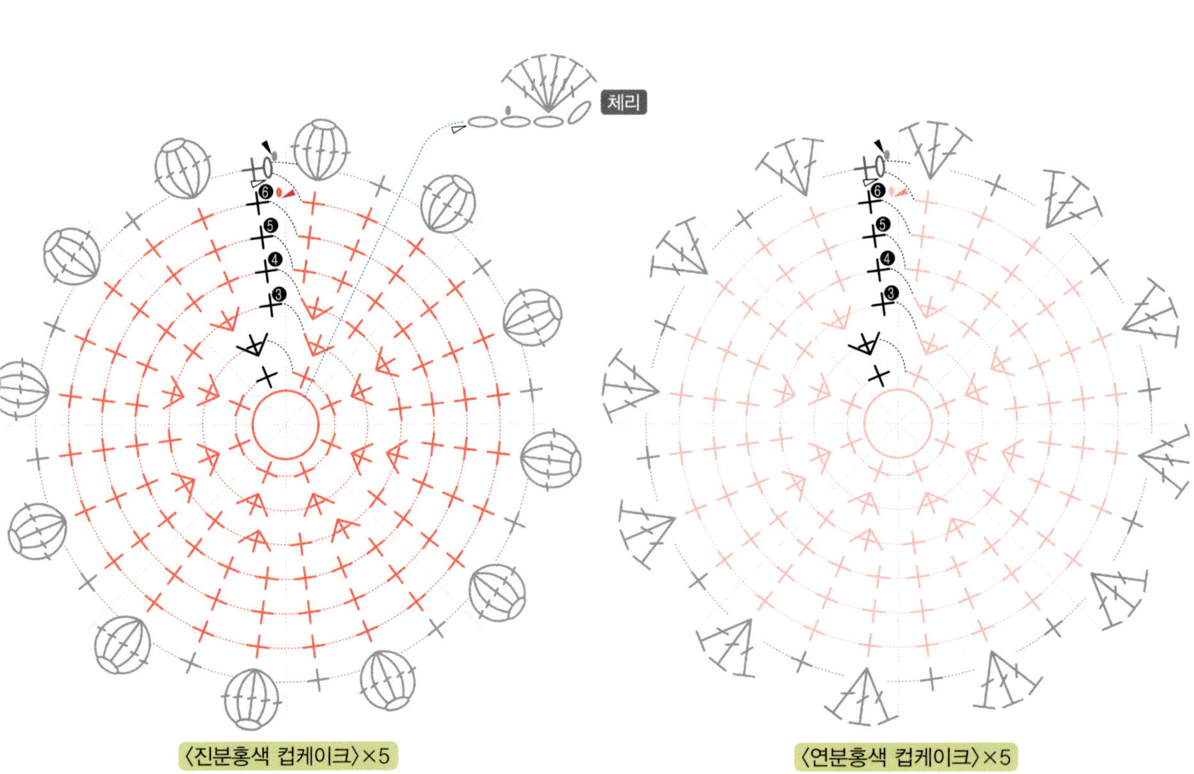

〈진분홍색 컵케이크〉×5

〈연분홍색 컵케이크〉×5

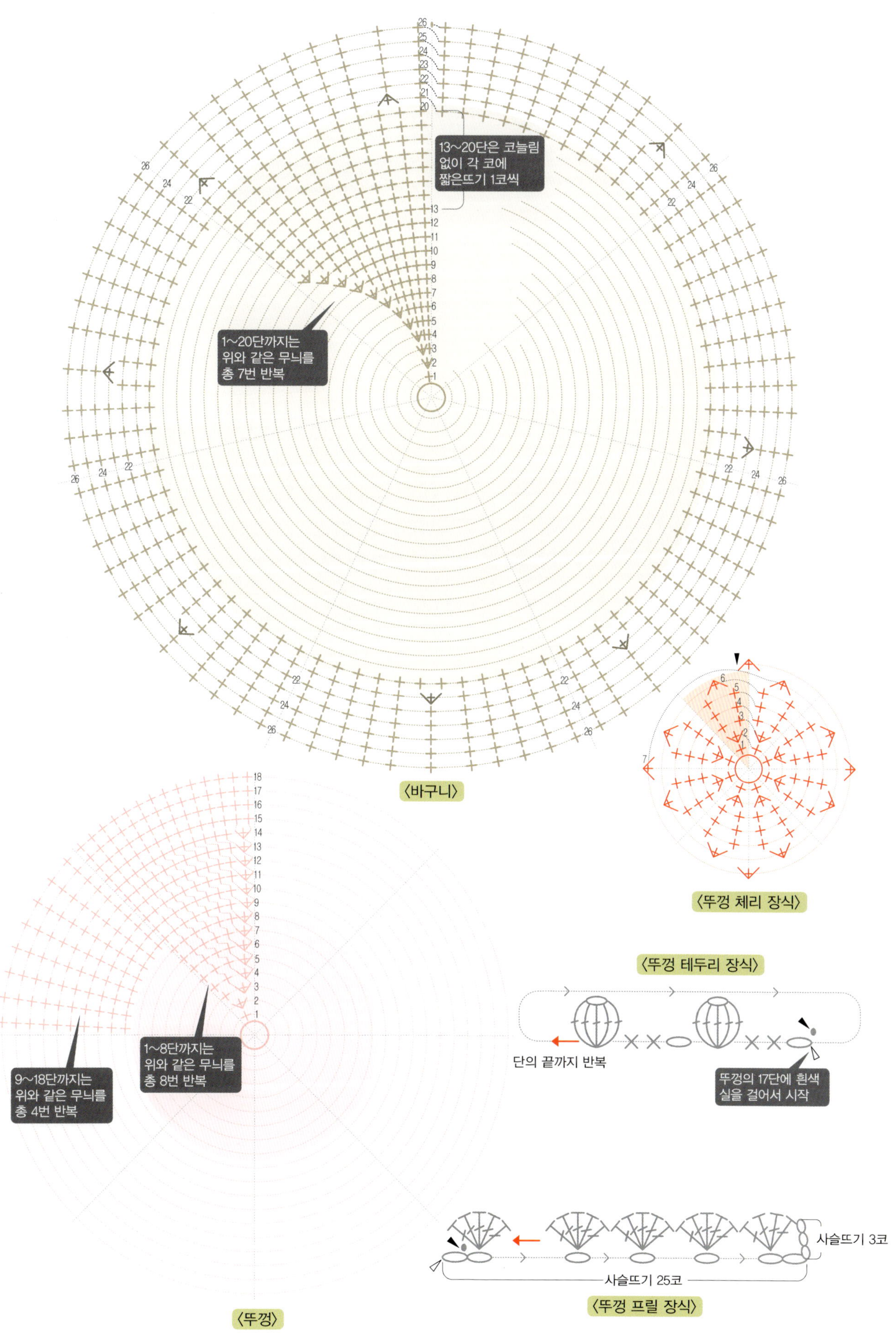

13~20단은 코늘림
없이 각 코에
짧은뜨기 1코씩
1~20단까지는
위와 같은 무늬를
총 7번 반복
〈바구니〉
〈뚜껑 체리 장식〉
〈뚜껑 테두리 장식〉
단의 끝까지 반복
뚜껑의 17단에 흰색
실을 걸어서 시작
9~18단까지는
위와 같은 무늬를
총 4번 반복
1~8단까지는
위와 같은 무늬를
총 8번 반복
사슬뜨기 3코
사슬뜨기 25코
〈뚜껑〉
〈뚜껑 프릴 장식〉

평범한 의자를 멋스러운 인테리어 소품으로
탈바꿈시켜주는 의자 커버입니다. 커버 옆면에
귀여운 레이스 장식을 더해 더욱 특별합니다!

만드는 방법과 도안

준비물

- 실 : 베르제르(Bergère)사
  - 이데알(Idéal, Acrylic 30%, Polyamide 30%, Combed Wool 40%, 50g, 125m) : 진분홍색 3볼, 빨간색 2볼, 흰색 2볼, 하늘색 1볼

사용 실		대체 실	
실 이름	색상	실 이름(제조사/제조국)	색상
이데알	진분홍색	Partner 3.5 (필다르/프랑스)	18번 핑크
	빨간색	Partner 3.5 (필다르/프랑스)	84번 레드
	흰색	Partner 3.5 (필다르/프랑스)	10번 화이트
	하늘색	Partner 3.5 (필다르/프랑스)	07번 화이트블루

- 코바늘 4mm(7호)
- 재봉실 : 진분홍색
- 바느질 도구

게이지

이데알 실 2겹으로 코바늘 7호 사용, 너비 30cm의 사각 의자 커버용, 모티브 크기는 5×5cm

체크무늬 모티브 만들기

진분홍색 실 2겹으로 사슬뜨기 3코를 뜹니다. 1번째 사슬코에서 빼뜨기를 하여 사슬뜨기 원형코를 만듭니다.

1단: 사슬뜨기(기둥코)×3 ⟶ 사슬뜨기×1 ⟶ (가운데 구명에 바늘 넣어 1길 긴뜨기×3 ⟶ 사슬뜨기×1)×3 ⟶ 가운데 구명에 바늘 넣어 1길 긴뜨기×2 ⟶ 사슬뜨기(기둥코) 3번째 코에서 빼뜨기

2단: 사슬뜨기(기둥코)×3 ⟶ 사슬뜨기×1 ⟶ 1번째 아치(도안의 노란색)에서 1길 긴뜨기×3 ⟶ (사슬뜨기×1 ⟶ 다음 아치에서 1길 긴뜨기×3 ⟶ 사슬뜨기×1 ⟶ 같은 아치에서 1길 긴뜨기×3)×3 ⟶ 사슬뜨기×1 ⟶ 1번째 아치에서 1길 긴뜨기×2 ⟶ 마지막에 빼뜨기

실을 자르고 마지막 고리로 빼내어 매듭을 짓습니다. 실을 모두 안으로 정리합니다. 같은 방법으로 진분홍색 30개, 빨간색 30개, 흰색 10개의 모티브를 만듭니다.

모티브 잇기

아래와 같이 띠 A 5개, 띠 B 5개를 준비합니다. 각 모티브들은 재봉실을 사용하여 공그르기로 연결합니다.

띠 A: (빨간색 모티브 1장 + 진분홍색 모티브 1장)×3

띠 B: (진분홍색 모티브 1장 + 흰색 모티브 1장)×3

띠 A 3개, 띠 B 3개를 서로 번갈아가며 공그르기로 연결합니다. 띠 A 2개, 띠 B 2개는 둘레를 따라서 연결하고, 모서리를 마무리합니다.

옆면 장식

하늘색 실 2겹을 편물의 옆면 안쪽에 겁니다.

1단: 사슬뜨기(기둥코)×1 ⟶ 각 코마다 짧은뜨기(네 모서리에서는 1코에 짧은뜨기 1코 늘려뜨기) ⟶ 마지막에 빼뜨기 = 총 196코

2단: 사슬뜨기(기둥코)×1 ⟶ 각 코마다 짧은뜨기 ⟶ 마지막에 빼뜨기

3단: 사슬뜨기(기둥코)×1 ⟶ (1코 건너뛰고 ⟶ 1길 긴뜨기 2코 늘려뜨기×1 ⟶ 1코 건너뛰고 ⟶ 빼뜨기×1) ⟶ ( )를 단의 끝까지 반복

실을 자르고 마지막 고리로 빼내어 매듭을 짓습니다. 실을 모두 안으로 정리합니다.

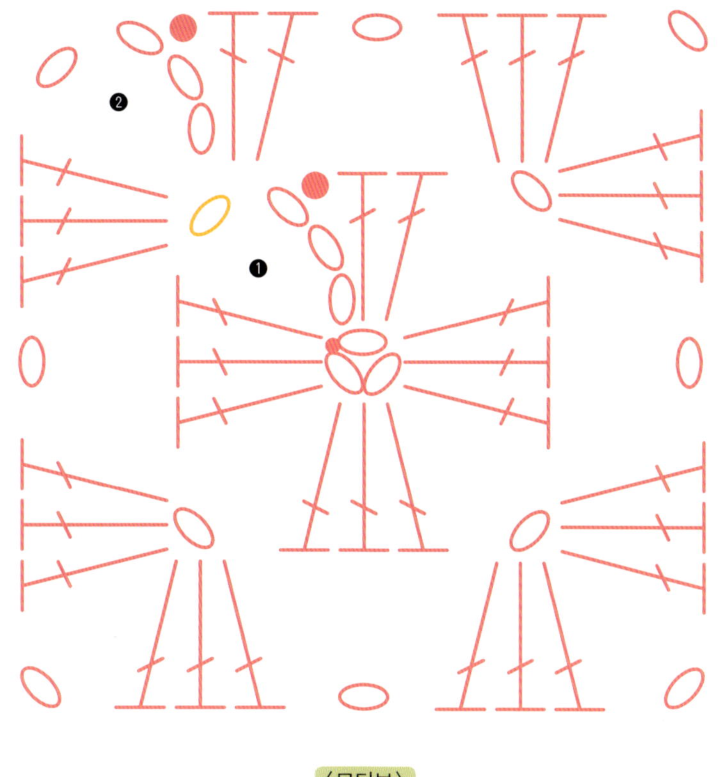

〈모티브〉
진분홍×30, 빨간색×30, 흰색×10

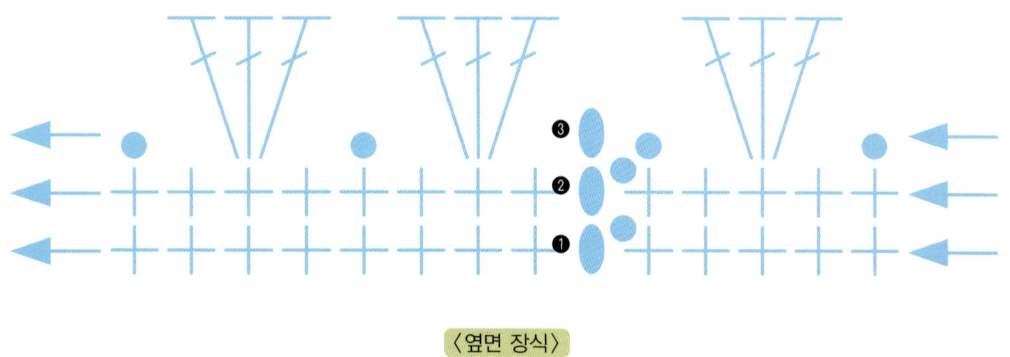

〈옆면 장식〉

La salle de bains 욕실(다용도실)

Premiers secours 구급약 가방 

집 안 구석, 보이지 않는 곳에 늘 숨어 있는 구급약들을
예쁜 구급약 가방에 넣어 눈에 잘 띄는 곳에 걸어두세요.
위급한 순간에 바로 찾을 수 있어서 좋습니다!

만드는 방법과 도안

준비물

- 실 : 베르제르(Bergère)사
  - 코튼 피프티(Coton Fifty, Acrylic 50%, Cotton 50%, 50g, 140m) : 빨간색 6볼, 하늘색 1볼

사용 실		대체 실	
실 이름	색상	실 이름(제조사/제조국)	색상
코튼 피프티	빨간색	Phil Coton 3 (필다르/프랑스)	84번 레드
	하늘색	Phil Coton 3 (필다르/프랑스)	58번 에메랄드
		하이소프트 (국산)	67번 라이트 스카이블루

- 코바늘 3mm(5호)
- 재봉실 : 하늘색
- 바느질 도구

게이지

코튼 피프티 실로 코바늘 5호 사용, 짧은뜨기 기준으로 사방 10cm에 22코 23.5단

바닥 만들기

빨간색 실로 사슬뜨기 5코를 뜹니다. 단을 마무리 짓지 않고 나선형으로 둥글게 이어서 아래와 같이 뜹니다.

1단 : 사슬뜨기(기둥코)×1 ⋯ (짧은뜨기×4 ⋯ 짧은뜨기 2코 늘려뜨기×1) ⋯ 위아래를 돌려, ( )를 1번 반복 = 총 14코

2단 : (짧은뜨기×4 ⋯ 짧은뜨기 1코 늘려뜨기×3)×2 = 총 20코

3단 : {짧은뜨기×5 ⋯ (짧은뜨기 1코 늘려뜨기×1 ⋯ 짧은뜨기×1)×2 ⋯ 짧은뜨기 1코 늘려뜨기×1}×2 = 총 26코

4단 : 짧은뜨기×5 ⋯ {(짧은뜨기 1코 늘려뜨기×1 ⋯ 짧은뜨기×2)×2 ⋯ 짧은뜨기 1코 늘려뜨기×1} ⋯ 짧은뜨기×6 ⋯ { }를 1번 반복 ⋯ 짧은뜨기×1 = 총 32코

5단 : 짧은뜨기×5 ⋯ {(짧은뜨기 1코 늘려뜨기×1 ⋯ 짧은뜨기×3)×2 ⋯ 짧은뜨기 1코 늘려뜨기×1} ⋯ 짧은뜨기×7코 ⋯ { }를 1번 반복 ⋯ 짧은뜨기×2 = 총 38코

6단 : 짧은뜨기×5 ⋯ {(짧은뜨기 1코 늘려뜨기×1 ⋯ 짧은뜨기×4)×2 ⋯ 짧은뜨기 1코 늘려뜨기×1} ⋯ 짧은뜨기×8 ⋯ { }를 1번 반복 ⋯ 짧은뜨기×3 = 총 44코

7단 : 짧은뜨기×5 ⋯ {(짧은뜨기 1코 늘려뜨기×1 ⋯ 짧은뜨기×5)×2 ⋯ 짧은뜨기 1코 늘려뜨기×1} ⋯ 짧은뜨기×9 ⋯ { }를 1번 반복 ⋯ 짧은뜨기×4 = 총 50코

8단 : 짧은뜨기×5 ⋯ {(짧은뜨기 1코 늘려뜨기×1 ⋯ 짧은뜨기×6)×2 ⋯ 짧은뜨기 1코 늘려뜨기×1} ⋯ 짧은뜨기×10 ⋯ { }를 1번 반복 ⋯ 짧은뜨기×5 = 총 56코

9단 : 짧은뜨기×13 ⋯ (짧은뜨기 1코 늘려뜨기×1 ⋯ 짧은뜨기×7 ⋯ 짧은뜨기 1코 늘려뜨기×1) ⋯ 짧은뜨기×19 ⋯ ( )를 1번 반복 ⋯ 짧은뜨기×6 = 총 60코

10단 : 짧은뜨기×13 ⋯ (짧은뜨기 1코 늘려뜨기×1 ⋯ 짧은뜨기×8 ⋯ 짧은뜨기 1코 늘려뜨기×1) ⋯ 짧은뜨기×20 ⋯ ( )를 1번 반복 ⋯ 짧은뜨기×7 = 총 64코

11단 : 짧은뜨기×13 ⋯ (짧은뜨기 1코 늘려뜨기×1 ⋯ 짧은뜨기×9 ⋯ 짧은뜨기 1코 늘려뜨기×1) ⋯ 짧은뜨기×21 ⋯ ( )를 1번 반복 ⋯ 짧은뜨기×8 = 총 68코

12단 : 짧은뜨기×13 ⋯ (짧은뜨기 1코 늘려뜨기×1 ⋯ 짧은뜨기×10 ⋯ 짧은뜨기 1코 늘려뜨기×1) ⋯ 짧은뜨기×22 ⋯ ( )를 1번 반복 ⋯ 짧은뜨기×9 = 총 72코

13단: 짧은뜨기×13 ⋯ (짧은뜨기 1코 늘려뜨기×1 ⋯ 짧은뜨기×11 ⋯ 짧은뜨기 1코 늘려뜨기×1) ⋯ 짧은뜨기×23 ⋯ ( )를 1번 반복 ⋯ 짧은뜨기×10 = 총 76코

14단: 짧은뜨기×13 ⋯ (짧은뜨기 1코 늘려뜨기×1 ⋯ 짧은뜨기×12 ⋯ 짧은뜨기 1코 늘려뜨기×1) ⋯ 짧은뜨기×24 ⋯ ( )를 1번 반복 ⋯ 짧은뜨기×11 = 총 80코

15~17단: 각 코마다 짧은뜨기

본체 만들기

18단: 짧은뜨기×13 ⋯ (짧은뜨기 2코 늘려뜨기×5 ⋯ 짧은뜨기×15 ⋯ 짧은뜨기 1코 늘려뜨기×2 ⋯ 짧은뜨기 2코 늘려뜨기×1 ⋯ 짧은뜨기 1코 늘려뜨기×2) ⋯ 짧은뜨기×15 ⋯ ( )를 1번 반복 ⋯ 짧은뜨기×2코 = 총 112코

19~59단: 각 코마다 짧은뜨기

60단: 짧은뜨기×19 ⋯ 짧은뜨기 2코 모아뜨기×1 ⋯ 짧은뜨기×54 ⋯ 짧은뜨기 2코 모아뜨기×1 ⋯ 짧은뜨기×35 = 총 110코

61단: 짧은뜨기×19 ⋯ 짧은뜨기 2코 모아뜨기×1 ⋯ 짧은뜨기×53 ⋯ 짧은뜨기 2코 모아뜨기×1 ⋯ 짧은뜨기×34 = 총 108코

62단: 짧은뜨기×19 ⋯ 짧은뜨기 2코 모아뜨기×1 ⋯ 짧은뜨기×52 ⋯ 짧은뜨기 2코 모아뜨기×1 ⋯ 짧은뜨기×33 = 총 106코

63~79단: 같은 방법으로 각 단마다 2코씩 줄여나가되, 이전 단에 줄인 곳에서 줄이기 = 총 72코

빨간색 실을 자르고 하늘색 실로 이어나갑니다.

80~83단: 각 코마다 짧은뜨기

손잡이 1

실 자르지 않고 계속 진행합니다. 사슬뜨기로 36코를 뜹니다. 24개 코를 건너뛰고, 다음 코에 짧은뜨기 1코를 뜬 다음, 편물을 뒤로 돌려 왕복으로 단뜨기를 합니다.

1단: 짧은뜨기 2코 모아뜨기×1 ⋯ 짧은뜨기×32 ⋯ 짧은뜨기 2코 모아뜨기×1 = 총 34코

2단: 짧은뜨기 2코 모아뜨기×1 ⋯ 짧은뜨기×30 ⋯ 짧은뜨기 2코 모아뜨기×1 = 총 32코

실을 자르고 마지막 고리로 빼내어 매듭을 짓습니다.

손잡이 안쪽 테두리: 본체 83단, 손잡이 1의 바로 아래 코에 파란색 실을 겁니다. 사슬뜨기(기둥코)×1 ⋯ 짧은뜨기×24 ⋯ 사슬뜨기 사슬코에 바늘 넣어 짧은뜨기×36 ⋯ 시작 코에 이르면 빼뜨기

손잡이 2

본체 83단, 손잡이 1에서 11코 떨어진 곳에 하늘색 실을 걸어서, 손잡이 1과 같은 방법으로 뜹니다.

손잡이 바깥쪽 테두리

본체 83단, 손잡이 1의 바로 옆 코에 하늘색 실을 겁니다. 사슬뜨기(기둥코)×1 ⋯ (짧은뜨기×11 ⋯ 모서리에서 짧은뜨기 1코 늘려뜨기×1 ⋯ 짧은뜨기×32 ⋯ 반대쪽 모서리에서 짧은뜨기 1코 늘려뜨기×1)×2 ⋯ 시작 코에 이르면 빼뜨기

실을 자르고 마지막 고리로 빼내어 매듭을 짓습니다.

십자가 모티브 만들기

하늘색 실로 사슬뜨기 15코를 뜹니다.

1~14단: 사슬뜨기(기둥코)×1 ⋯ 각 코마다 짧은뜨기 = 총 15코씩

15단: 사슬뜨기(기둥코)×1 ⋯ 짧은뜨기×15 ⋯ 사슬뜨기×15

16단: 사슬뜨기(기둥코)×1 ⋯ 짧은뜨기×30 ⋯ 사슬뜨기×15

17단: 사슬뜨기(기둥코)×1 ⋯ 각 코마다 짧은뜨기 = 총 45코

18~30단: 사슬뜨기(기둥코)×1 ⋯ 각 코마다 짧은뜨기

31단: 빼뜨기×15 ⋯ 사슬뜨기×1 ⋯ 짧은뜨기×15 = 총 15코

32~45단: 사슬뜨기(기둥코) 1코 ⋯ 각 코마다 짧은뜨기

실을 자르고 마지막 고리로 빼내어 매듭을 짓습니다.

마무리하기

실을 모두 안으로 정리합니다. 본체의 중앙에 십자가 모티브를 꿰맵니다.

= 짧은뜨기
손잡이 바깥쪽 테두리 시작
손잡이 안쪽 테두리 시작
〈손잡이2〉
〈손잡이1〉
〈본체〉
바닥에 연결해서 나선형으로 돌려뜨기
〈바닥〉
= 짧은뜨기
〈십자가 모티브〉
사슬뜨기 15코로 시작

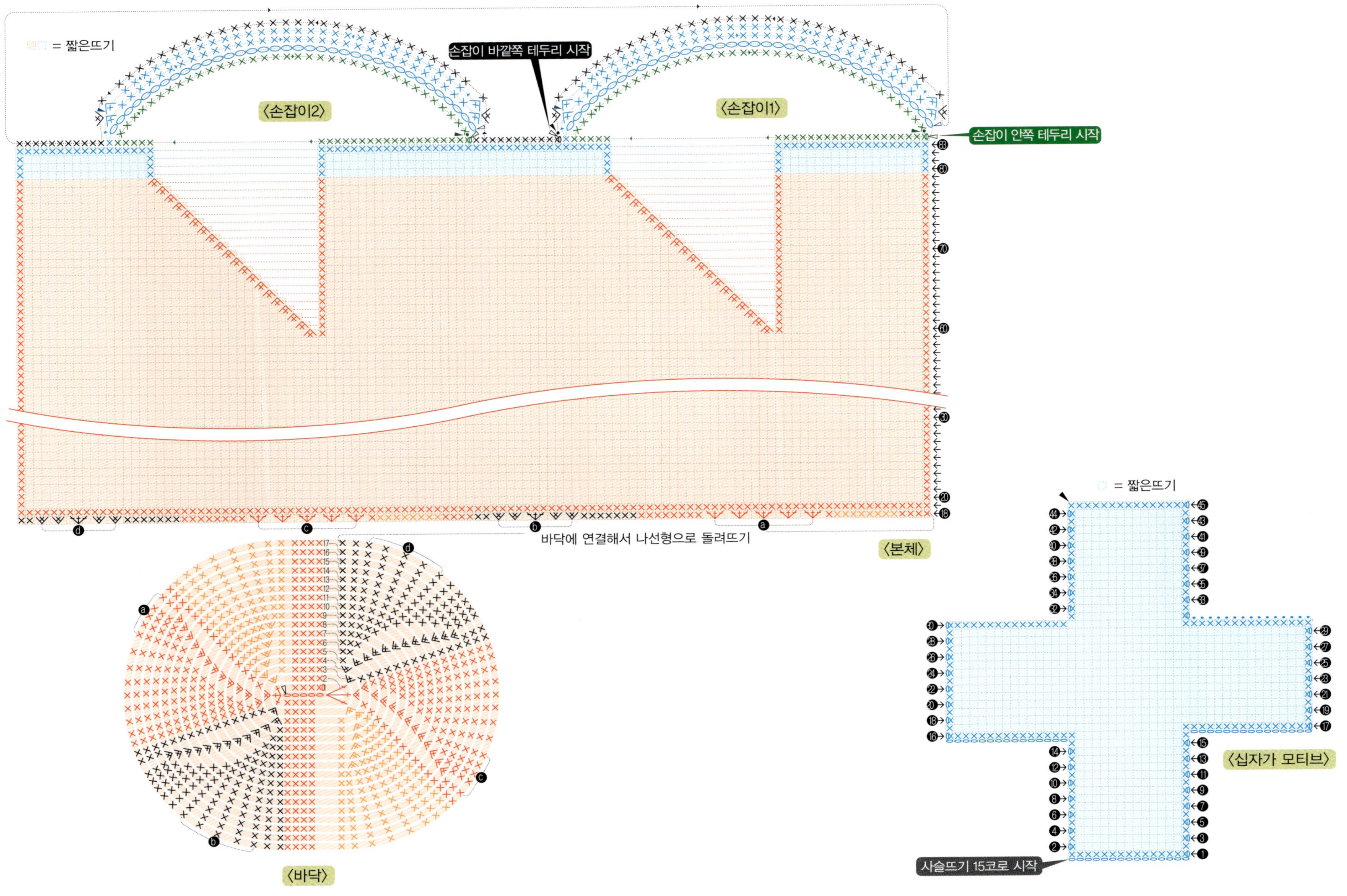

97

Carnet de santé 건강 수첩 커버

가족들을 위한 건강 수첩을 만들어보세요.
언제, 어떤 질병으로 병원에 갔었는지를 기록해두면
더욱 효율적으로 건강관리를 할 수 있습니다.

만드는 방법과 도안

준비물

- 실 : 베르제르(Bergère)사
  - 시렌(Sirene, Polyamide 100%, 50g, 190m) : 빨간색 2볼, 흰색 1볼

사용 실		대체 실	
실 이름	색상	실 이름(제조사/제조국)	색상
시렌	빨간색	라푼젤(국산)	05번 레드
	흰색	라푼젤(국산)	01번 화이트

- 코바늘 3mm(5호)
- 수첩 : 약 17×21cm
- 안감용 천 : 68×23cm, 빨간색과 흰색이 섞인 체크무늬(반드시 양면)
- 재봉실 : 흰색
- 바느질 도구

게이지

시렌 실로 코바늘 5호 사용, 짧은뜨기 기준으로 사방 10cm에 21코 22단

커버 만들기

빨간색 실로 사슬뜨기 41코를 뜹니다.

1~72단 : 사슬뜨기(기둥코)×1 ⋯ 각 코마다 짧은뜨기 = 총 41코씩

테두리 1단

❶ 사슬뜨기(기둥코)×1 ⋯ 짧은뜨기×41

❷ 옆으로 방향을 돌려, 첫코에 짧은뜨기 2코 늘려뜨기×1 ⋯ 각 코마다 짧은뜨기 ⋯ 끝코에 짧은뜨기 2코 늘려뜨기×1

❸ 옆으로 방향을 돌려, 짧은뜨기×41

❹ 옆으로 방향을 돌려, 첫코에 짧은뜨기 2코 늘려뜨기×1 ⋯ 각 코마다 짧은뜨기 ⋯ 끝코에 짧은뜨기 2코 늘려뜨기×1 ⋯ 시작 코에 이르면 빼뜨기 = 총 234코

실을 자릅니다.

테두리 2단

흰색 실로 연결하여 이어갑니다.

사슬뜨기(기둥코)×1 ⋯ 짧은뜨기×42 ⋯ (짧은뜨기 2코 늘려뜨기×1 ⋯ 각 코마다 짧은뜨기×72 ⋯ 끝코에 짧은뜨기 2코 늘려뜨기×1) ⋯ 짧은뜨기×43 ⋯ ( )를 1번 반복 ⋯ 짧은뜨기×1 ⋯ 시작 코에 이르면 빼뜨기

실을 자르고 마지막 고리로 빼내어 매듭을 짓습니다.

십자가 모티브 만들기

흰색 실로 사슬뜨기 9코를 뜹니다.

1~8단 : 사슬뜨기(기둥코)×1, 각 코마다 짧은뜨기 = 총 9코씩

9단 : 사슬뜨기(기둥코)×1, 짧은뜨기×9, 사슬뜨기×9

10단 : 사슬뜨기(기둥코)×1, 짧은뜨기×18, 사슬뜨기×9

11단 : 사슬뜨기(기둥코)×1, 각 코마다 짧은뜨기 = 총 27코

12~18단 : 사슬뜨기(기둥코)×1, 각 코마다 짧은뜨기

19단 : 빼뜨기×9, 사슬뜨기×1, 짧은뜨기×9

20~27단 : 사슬뜨기×1, 각 코마다 짧은뜨기

실을 자르고 마지막 고리로 빼내어 매듭을 짓습니다.

마무리하기

❶ 실을 모두 안으로 정리합니다.

❷ 커버의 앞표지에 십자가 모티브를 공그르기로 고정합니다.

안감용 천(101쪽 하단 그림 참고)

❶ 수첩 커버의 크기에 맞춰 안감용 천을 준비합니다.

❷ 천의 좌우 양끝 시접을 1cm 폭으로 안쪽으로 2번 접어 다림질합니다. 가장자리에서 5mm 안쪽을 따라 바느질한 다음, 안쪽으로 15cm 폭으로 다시 한 번 접고 다림질합니다.

❸ 천의 위, 아래 시접을 바깥쪽으로 1cm 접어 다림질합니다.

❹ 수첩 커버 안쪽에 안감 안쪽을 맞대고 핀으로 고정한 다음, 공그르기로 바느질합니다.

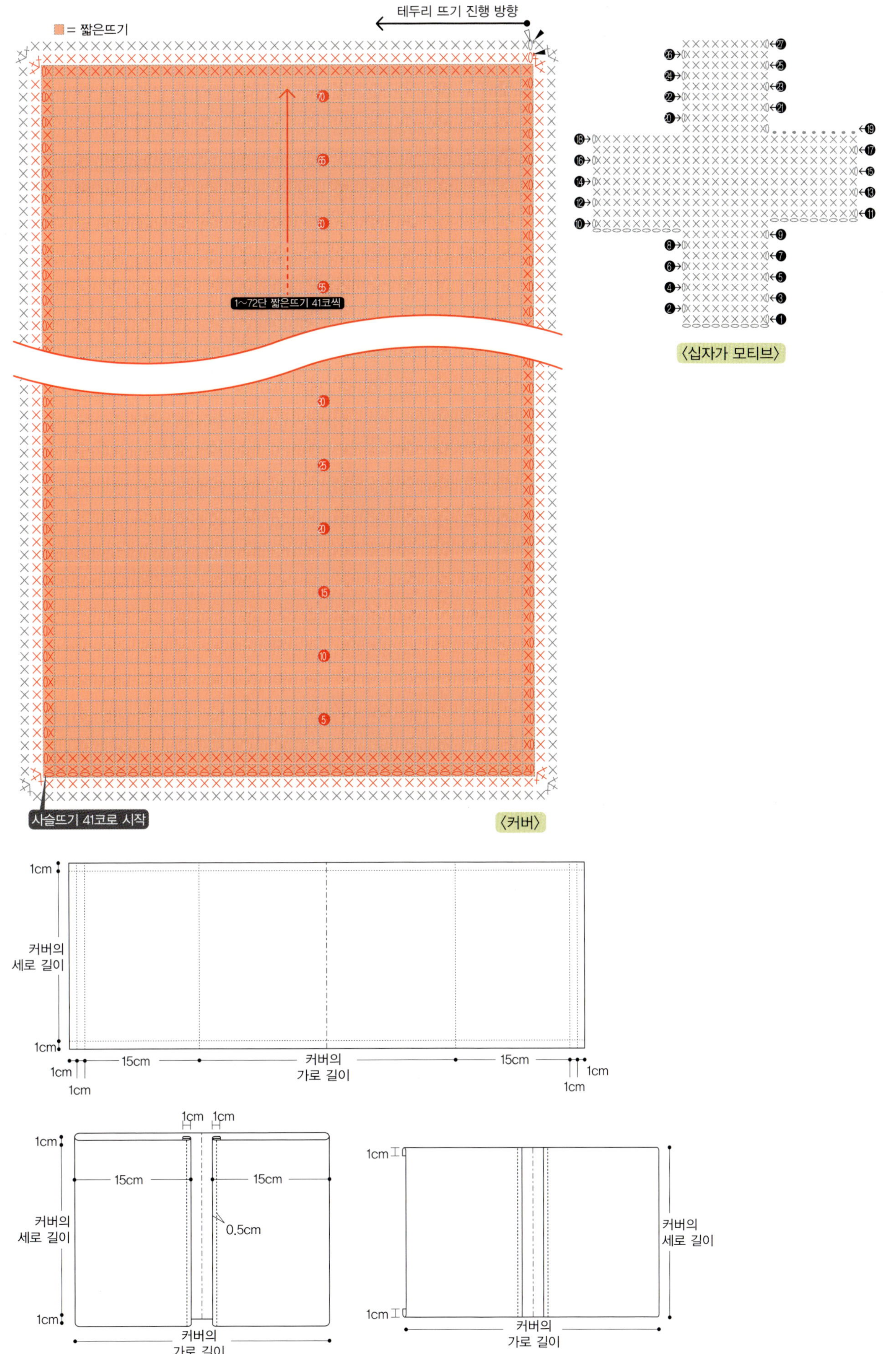
= 짧은뜨기
테두리 뜨기 진행 방향
1~72단 짧은뜨기 41코씩
사슬뜨기 41코로 시작
〈커버〉
〈십자가 모티브〉
커버의
세로 길이
1cm
1cm
15cm
커버의
가로 길이
15cm
1cm
1cm
1cm
1cm
1cm
1cm
15cm
15cm
커버의
세로 길이
0.5cm
커버의
가로 길이
커버의
세로 길이
커버의
가로 길이

Petits chaussons 귀여운 덧양말

파란색과 빨간색으로 포인트를 준 귀엽고 따뜻한
덧양말입니다. 보고만 있어도 기분 좋아지는
색감과 디자인 덕분에 집 안이 즐거워집니다!

만드는 방법과 도안

준비물

- 실: 베르제르(Bergère)사
  - 바리지엔(Barisienne, Acrylic 100%, 50g, 140m): 파란색 1볼, 빨간색 1볼, 흰색 1볼

사용 실		대체 실	
실 이름	색상	실 이름(제조사/제조국)	색상
바리지엔	파란색	Dollymix DK(킹콜/영국)	21번 블루
	빨간색	Dollymix DK(킹콜/영국)	09번 레드
	흰색	Dollymix DK(킹콜/영국)	01번 화이트

- 코바늘 4mm(7호)

덧양말 만들기

발 부분

파란색 실로 실 고리를 만듭니다(9쪽 참고). 단을 마무리 짓지 않고 나선형으로 둥글게 이어서 뜹니다.

1단: 실 고리에 짧은뜨기×8

2단: 짧은뜨기 1코 늘려뜨기×8 = 총 16코

3단: (짧은뜨기×1 ⋯ 짧은뜨기 1코 늘려뜨기×3)×4 = 총 28코

4~7단: 각 코마다 짧은뜨기

파란색 실을 자르고 마지막 고리로 빼내어 매듭을 짓습니다.

8~9단: 흰색 실로 각 코마다 짧은뜨기

흰색 실을 자르고 마지막 고리로 빼내어 매듭을 짓습니다.

10~11단: 파란색 실로 각 코마다 짧은뜨기

파란색 실을 자르고 마지막 고리로 빼내어 매듭을 짓습니다.

12~21단: 8~11단의 과정을 2번 반복 ⋯ 8~9단의 과정을 1번 반복

흰색 실은 자르지 않고 그대로 둡니다.

22단: 짧은뜨기×20 ⋯ 흰색 실을 자르고, 빨간색 실로 짧은뜨기×18 ⋯ 편물을 뒤로 돌립니다.

뒤꿈치 부분

왕복으로 단뜨기를 합니다.

1~10단: 사슬뜨기(기둥코)×1코 ⋯ 각 코마다 짧은뜨기

실을 자르고 마지막 고리로 빼내어 매듭을 짓습니다.

뒤꿈치는 겉쪽이 서로 마주 보도록 반을 접습니다. 빨간색 실로 뒤꿈치 2겹에 한꺼번에 바늘을 넣고, 빼뜨기 9코로 1단을 떠서, 뒤꿈치 뒷부분을 연결합니다. 편물을 바깥쪽으로 뒤집습니다.

발목 부분

발의 22단, 뒤꿈치 다음 코에 흰색 실을 겁니다. 나선형으로 둥글게 이어서 뜹니다.

1단: 발 부분에서 짧은뜨기×10 ⋯ 뒤꿈치 부분에서 짧은뜨기×20 = 총 30코

2~12단: 각 코마다 짧은뜨기

흰색 실을 자르고 빨간색 실로 이어나갑니다.

13단: 짧은뜨기×19 ⋯ 다음 1코에서 사슬뜨기×13, 빼뜨기×1 ⋯ 짧은뜨기×10 ⋯ 빼뜨기×1

실을 자르고 마지막 고리로 빼내어 매듭을 짓습니다.

실을 모두 안으로 정리합니다. 같은 방법으로 양말을 1개 더 완성합니다.

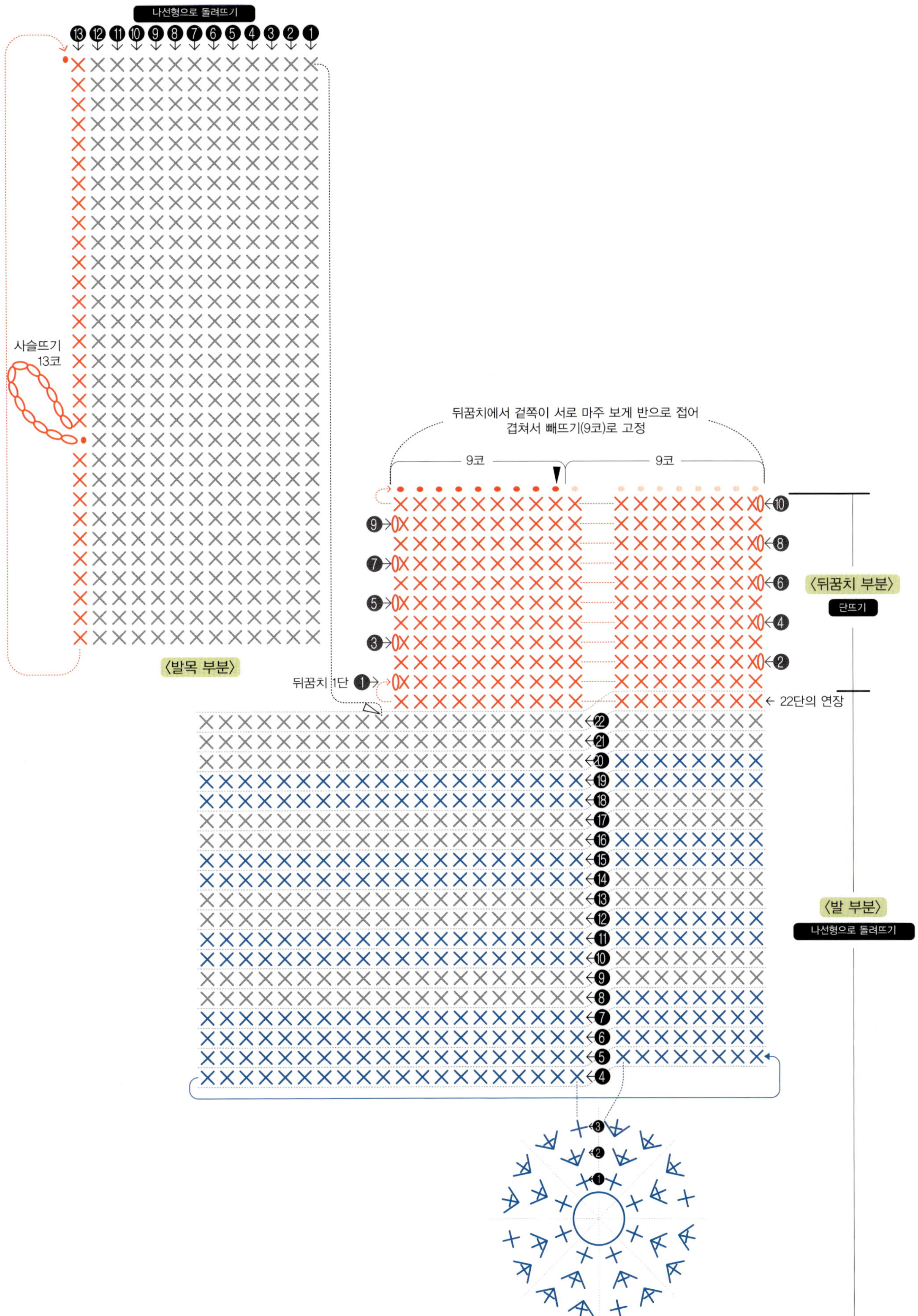
나선형으로 돌려뜨기
⑬ ⑫ ⑪ ⑩ ⑨ ⑧ ⑦ ⑥ ⑤ ④ ③ ② ①
사슬뜨기
13코
〈발목 부분〉
뒤꿈치에서 겉쪽이 서로 마주 보게 반으로 접어
겹쳐서 빼뜨기(9코)로 고정
9코
9코
〈뒤꿈치 부분〉
단뜨기
뒤꿈치 1단 ①
← 22단의 연장
〈발 부분〉
나선형으로 돌려뜨기

Pour se faire belle 예뻐 보이고 싶을 때(실내용 망토)

집 안에서도 예쁘게 보이고 싶을 때 이 망토를
해보세요. 리본과 안감, 디자인까지 귀여움으로 무장한
특별한 망토입니다. 아이에게 선물하기에도 좋습니다!

만드는 방법과 도안

준비물

- 실 : 베르제르(Bergère)사
  - 바리지엔(Barisienne, Acrylic 100%, 50g, 140m) : 파란색 11볼

사용 실		대체 실	
실 이름	색상	실 이름(제조사/제조국)	색상
바리지엔	파란색	하이소프트(국산)	45번 블루
		Cabotine(필다르/프랑스)	19번 블루

- 코바늘 6mm(10호)
- 안감용 천 : 100×50cm, 흰색 도트무늬의 빨간색
- 삼색 리본 : 폭 2.5cm, 길이 130cm
- 재봉실 : 빨간색
- 바느질 도구

게이지

바리지엔 실 2겹으로 코바늘 10호 사용, 짧은뜨기 기준으로 사방 10cm에 8코 11단

망토 만들기

몸판

실 2겹으로 사슬뜨기 36코를 뜹니다.

1단: 사슬뜨기(기둥코)×1 ⋯ 각 코마다 짧은뜨기 = 총 36코

2단: 사슬뜨기(기둥코)×1 ⋯ (짧은뜨기×4 ⋯ 짧은뜨기 1코 늘려뜨기×1)×7 ⋯ 짧은뜨기×1 = 총 43코

3단: 사슬뜨기(기둥코)×1 ⋯ (짧은뜨기×5 ⋯ 짧은뜨기 1코 늘려뜨기×1)×7 ⋯ 짧은뜨기×1 = 총 50코

4단: 사슬뜨기(기둥코)×1 ⋯ (짧은뜨기×6 ⋯ 짧은뜨기 1코 늘려뜨기×1)×7 ⋯ 짧은뜨기×1 = 총 57코

5단: 사슬뜨기(기둥코)×1 ⋯ (짧은뜨기×7 ⋯ 짧은뜨기 1코 늘려뜨기×1)×7 ⋯ 짧은뜨기×1 = 총 64코

6단: 사슬뜨기(기둥코)×1 ⋯ (짧은뜨기×8 ⋯ 짧은뜨기 1코 늘려뜨기×1)×7 ⋯ 짧은뜨기×1 = 총 71코

7단: 사슬뜨기(기둥코)×1 ⋯ (짧은뜨기×9 ⋯ 짧은뜨기 1코 늘려뜨기×1)×7 ⋯ 짧은뜨기×1 = 총 78코

8~19단: 사슬뜨기(기둥코)×1 ⋯ 각 코마다 짧은뜨기

20단: 사슬뜨기(기둥코)×1 ⋯ (짧은뜨기×10 ⋯ 짧은뜨기 1코 늘려뜨기×1)×7 ⋯ 짧은뜨기×1 = 총 85코

21단: 사슬뜨기(기둥코)×1 ⋯ 각 코마다 짧은뜨기

22단: 사슬뜨기(기둥코)×1 ⋯ (짧은뜨기×11 ⋯ 짧은뜨기 1코 늘려뜨기×1)×7 ⋯ 짧은뜨기×1 = 총 92코

23단: 사슬뜨기(기둥코)×1 ⋯ 각 코마다 짧은뜨기

24단: 사슬뜨기(기둥코)×1 ⋯ (짧은뜨기×12 ⋯ 짧은뜨기 1코 늘려뜨기×1)×7 ⋯ 짧은뜨기×1 = 총 99코

25단: 사슬뜨기(기둥코)×1 ⋯ 각 코마다 짧은뜨기

26단: 사슬뜨기(기둥코)×1 ⋯ (짧은뜨기×13 ⋯ 짧은뜨기 1코 늘려뜨기×1)×7 ⋯ 짧은뜨기×1 = 총 106코

27~28단: 사슬뜨기(기둥코)×1 ⋯ 각 코마다 짧은뜨기

29단: 사슬뜨기(기둥코)×1 ⋯ (짧은뜨기×14 ⋯ 짧은뜨기 1코 늘려뜨기×1)×7번 반복 ⋯ 짧은뜨기×1 = 총 113코

30단: 사슬뜨기(기둥코)×1 ⋯ 각 코마다 짧은뜨기

31단: 사슬뜨기(기둥코)×1 ⋯ (짧은뜨기×15 ⋯ 짧은뜨기 1코 늘려뜨기×1)×7 ⋯ 짧은뜨기×1 = 총 120코

32~33단: 사슬뜨기(기둥코)×1 ⋯ 각 코마다 짧은뜨기

실을 자르고 마지막 고리로 빼내어 매듭을 짓습니다.

칼라

실 2겹을 사슬뜨기 마지막 코의 아래에 겁니다.

1~5단: 사슬뜨기(기둥코)×1 ⋯ 각 코마다 짧은뜨기 = 총 36코씩

실을 자르고 마지막 고리로 빼내어 매듭을 짓습니다.

테두리 장식

몸판 33단 끝코에 실 2겹을 겁니다.

❶ 사슬뜨기(기둥코)×1 ⋯ 각 단마다 짧은뜨기

❷ 칼라가 위로 오도록 편물을 돌려, 첫코에 짧은뜨기 1코 늘려뜨기 ⋯ 짧은뜨기×34 ⋯ 끝코에 짧은뜨기 1코 늘려뜨기

❸ 옆으로 편물을 돌려, 각 단마다 짧은뜨기

❹ 옆으로 편물을 돌려, 첫코에 짧은뜨기 1코 늘려뜨기 ⋯ 짧은뜨기×118코 ⋯ 끝코에 짧은뜨기 1코 늘려뜨기 ⋯ 시작 코에서 빼뜨기

실을 자르고 마지막 고리로 빼내어 매듭을 짓습니다.

오른쪽 앞단 장식

몸판의 오른쪽 앞단 끝코의 가장자리에 실 2겹을 겁니다.

1단: 사슬뜨기(기둥코)×1 ⋯▸ 각 단마다 짧은뜨기 = 총 33코

2단: 사슬뜨기(기둥코)×1 ⋯▸ 짧은뜨기×32 ⋯▸ 끝코에서 빼뜨기

실을 자르고 마지막 고리로 빼내어 매듭을 짓습니다.

왼쪽 앞단 장식

몸판의 왼쪽 앞단 끝코의 가장자리에 실 2겹을 겁니다. 오른쪽 앞단 장식과 같은 방법으로 뜹니다.

마무리하기

❶ 실을 모두 안으로 정리합니다.

❷ 안감용 천의 안쪽에 편물을 펼쳐놓고, 핀으로 고정합니다. 칼라, 테두리 장식, 앞단 장식을 제외한 둘레를 표시합니다.

❸ 표시한 선보다 1cm 크게 시접을 두고 천을 자릅니다. 1cm 시접 부분을 안쪽으로 접고 다림질합니다.

❹ 안감과 망토의 안쪽이 서로 마주 보도록 고정하고, 공그르기로 바느질합니다.

❺ 리본은 칼라의 1단에서 2코 간격으로 왔다갔다 통과시키며 끼워 넣습니다.

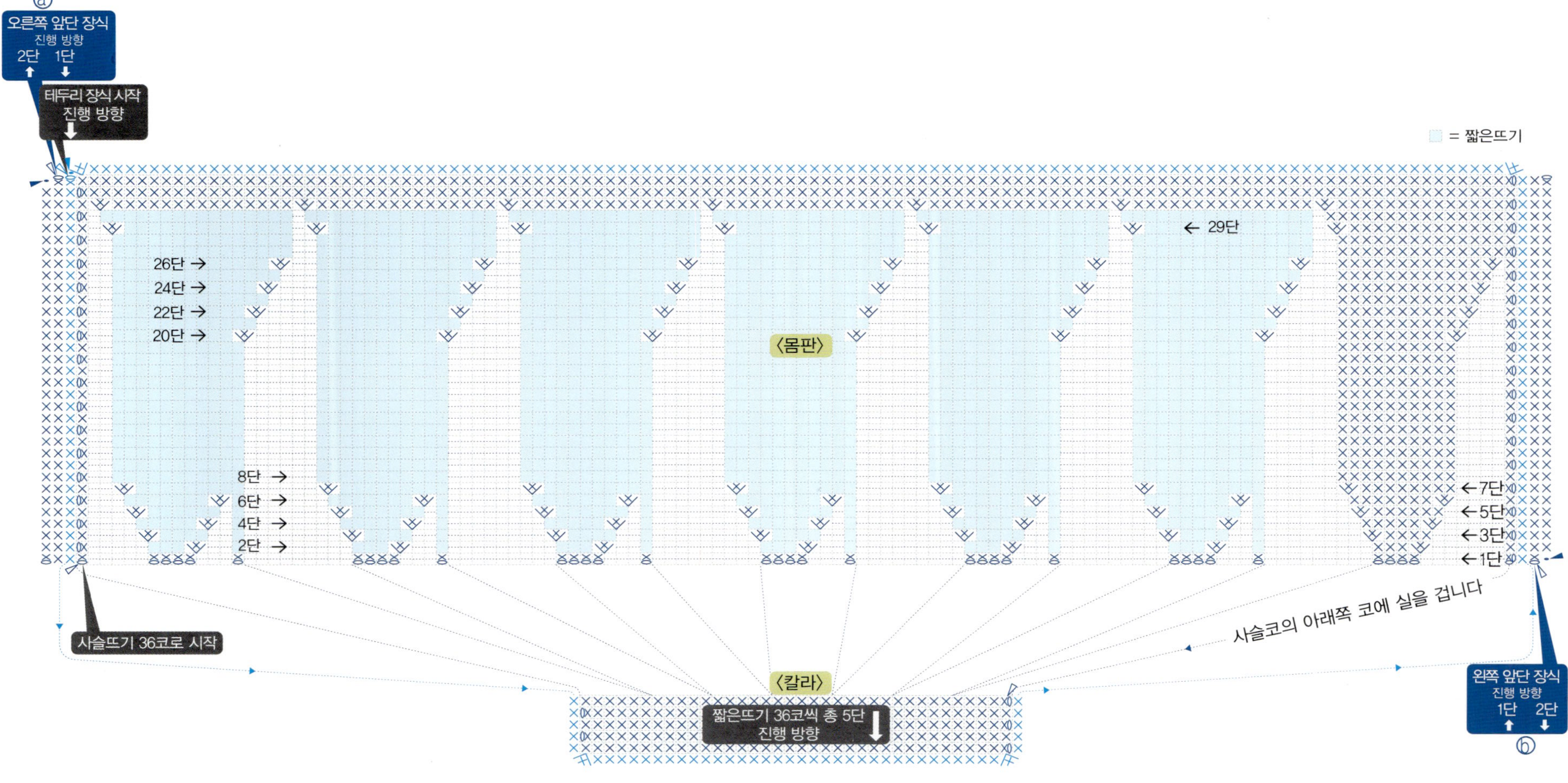

ⓐ
오른쪽 앞단 장식
진행 방향
2단 1단
테두리 장식 시작
진행 방향
= 짧은뜨기
← 29단
26단 →
24단 →
22단 →
20단 →
〈몸판〉
8단 →
6단 →
4단 →
2단 →
←7단
←5단
←3단
←1단
사슬뜨기 36코로 시작
〈칼라〉
짧은뜨기 36코씩 총 5단
진행 방향
사슬코의 아래쪽 코에 실을 겁니다
왼쪽 앞단 장식
진행 방향
1단 2단
ⓑ

La salle de jeux 놀이방

Jeu de pétanque d'appartement 

'페탕크(petanque)'는 공격공을 던져서 표적공에
가장 가깝게 던지는 사람이 이기는 놀이입니다.
규칙은 단순하지만, 다른 사람이 던진 공에 맞아
자신의 공이 멀리 굴러가는 등 막판 뒤집기가
수시로 벌어지니 끝까지 방심하지 마세요!

만드는 방법과 도안

준비물

- 실 : 베르제르(Bergère)사
    - 바리지엔(Barisienne, Acrylic 100%, 50g, 140m) : 흰색 1볼, 파란색 1볼, 빨간색 1볼

사용 실		대체 실	
실 이름	색상	실 이름(제조사/제조국)	색상
바리지엔	흰색	Dollymix DK(킹콜/영국)	01번 화이트
	파란색	Dollymix DK(킹콜/영국)	21번 블루
	빨간색	Dollymix DK(킹콜/영국)	09번 레드

- 코바늘 3mm(5호)
- 폴리에스테르 솜

공격공 만들기

흰색 실로 실 고리를 만듭니다(9쪽 참고). 단을 마무리 짓지 않고 나선형으로 둥글게 이어서 아래의 표와 같이 뜹니다.

단	방법	+/−	콧수
1	실 고리에 짧은뜨기×6		6
2	짧은뜨기 1코 늘려뜨기×6	+6	12
3	(짧은뜨기×1 ⋯ 짧은뜨기 1코 늘려뜨기×1)×6	+6	18
4	(짧은뜨기×2 ⋯ 짧은뜨기 1코 늘려뜨기×1)×6	+6	24
5	(짧은뜨기×3 ⋯ 짧은뜨기 1코 늘려뜨기×1)×6	+6	24
6	(짧은뜨기×4 ⋯ 짧은뜨기 1코 늘려뜨기×1)×6	+6	36
7	(짧은뜨기×5 ⋯ 짧은뜨기 1코 늘려뜨기×1)×6	+6	42
8~14	각 코마다 짧은뜨기		42
15	(짧은뜨기×5 ⋯ 짧은뜨기 2코 모아뜨기×1)×6	−6	36
16	(짧은뜨기×4 ⋯ 짧은뜨기 2코 모아뜨기×1)×6	−6	30
	편물 안에 솜을 넣고, 단을 떠나가면서 조금씩 채워나갑니다.		
17	(짧은뜨기×3 ⋯ 짧은뜨기 2코 모아뜨기×1)×6	−6	24
18	(짧은뜨기×2 ⋯ 짧은뜨기 2코 모아뜨기×1)×6	−6	18
19	(짧은뜨기×1 ⋯ 짧은뜨기 2코 모아뜨기×1)×6	−6	12
20	짧은뜨기 2코 모아뜨기×6	−6	6
21	짧은뜨기 2코 모아뜨기×3	−3	3

실을 자르고 마지막 고리로 빼내어 매듭을 짓습니다. 실을 잡아당겨 구멍을 조인 후, 바느질로 몇 땀 꿰매어 단단히 고정합니다. 실을 모두 안으로 정리합니다.

공격공은 흰색 2개, 파란색 2개, 빨간색 2개를 만듭니다.

표적공 만들기

흰색 실로 실 고리를 만듭니다. 단을 마무리 짓지 않고 나선형으로 둥글게 이어서 아래의 표와 같이 뜹니다.

단	방법	+/−	콧수
1	실 고리에 짧은뜨기×6		6
2	짧은뜨기 1코 늘려뜨기×6	+6	12
3	(짧은뜨기×1 ⋯ 짧은뜨기 1코 늘려뜨기×1)×6	+6	18
4	(짧은뜨기×2 ⋯ 짧은뜨기 1코 늘려뜨기×1)×6	+6	24
5~9	각 코마다 짧은뜨기		24
10	(짧은뜨기×2 ⋯ 짧은뜨기 2코 모아뜨기×1)×6	−6	18
	편물 안에 솜을 넣고, 단을 떠나가면서 조금씩 채워나갑니다.		
11	(짧은뜨기×1 ⋯ 짧은뜨기 2코 모아뜨기×1)×6	−6	12
12	짧은뜨기 2코 모아뜨기×6	−6	6
13	짧은뜨기 2코 모아뜨기×3	−3	3

실을 자르고 마지막 고리로 빼내어 매듭을 짓습니다. 실을 잡아당겨 구멍을 조인 후, 바느질로 몇 땀 꿰매어 단단히 고정합니다. 실을 모두 안으로 정리합니다.

응용하기

공격공과 표적공에 무게감을 조금 더 주고 싶다면, 솜 대신 천 주머니에 모래를 넣어 속을 채울 수도 있습니다.

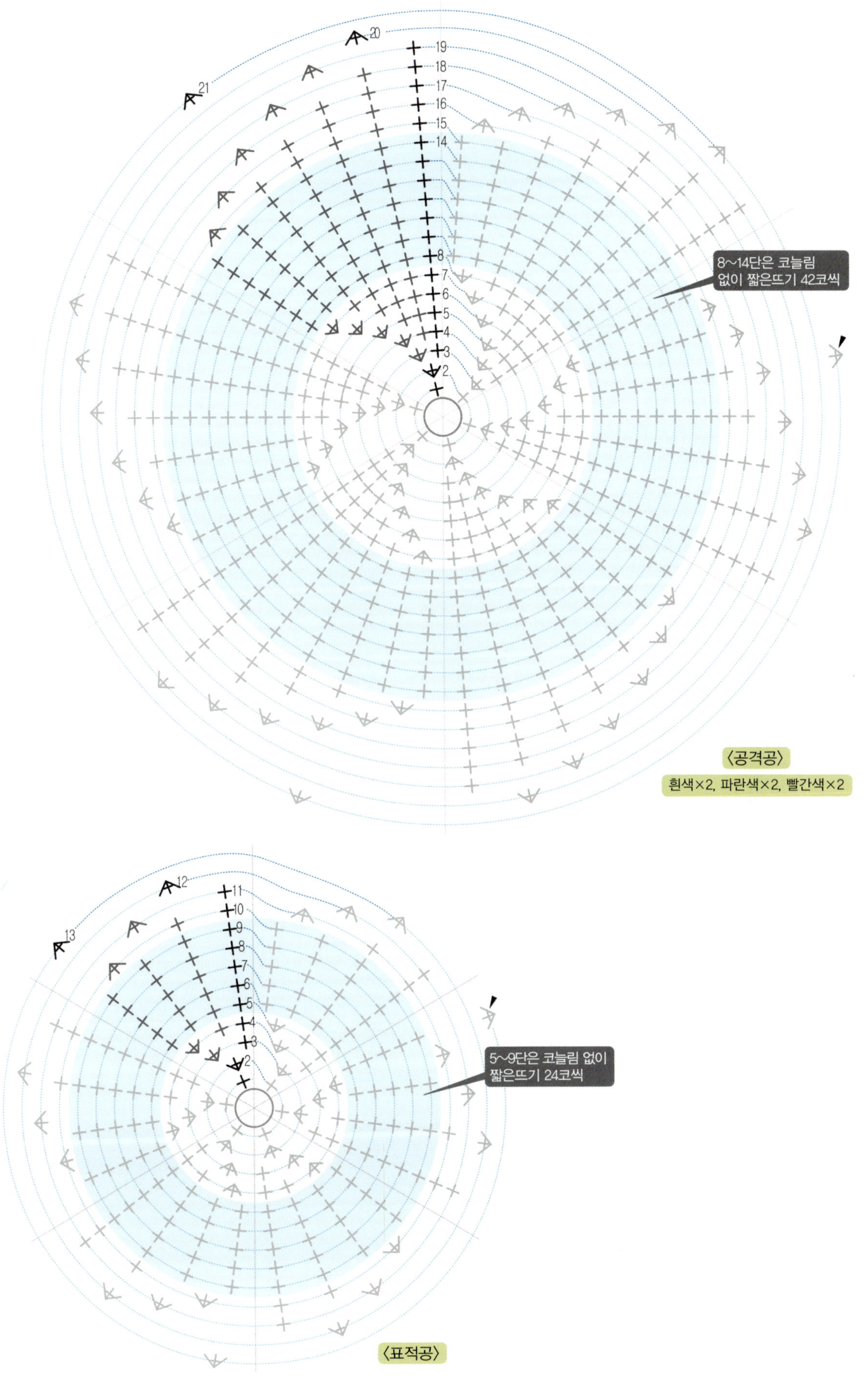
8～14단은 코늘림
없이 짧은뜨기 42코씩
〈공격공〉
흰색×2, 파란색×2, 빨간색×2
5～9단은 코늘림 없이
짧은뜨기 24코씩
〈표적공〉

La mallette du docteur 병원놀이 의사 가방

병원놀이 세트를 담아 보관하는 의사 가방입니다.
어른 따라 하기 놀이에 관심이 많은 시기의 아이에게
직접 만들어주세요. 훌륭한 의사 선생님이 되는
멋진 꿈을 꾸게 될지도 몰라요!

만드는 방법과 도안

준비물

- 실 : 베르제르(Bergère)사
  - 스포르(Sport, Acrylic 49%, Combed Wool 51%, 50g, 90m) : 빨간색 2볼

사용 실		대체 실	
실 이름	색상	실 이름(제조사/제조국)	색상
스포르	빨간색	Zara(필라투라 디 크로사/이탈리아)	1912번 레드
		Dollymix DK(킹콜/영국)	09번 레드

- 코바늘 4mm(7호)
- 안감용 천 : 90×35cm, 빨간색과 흰색이 섞여있는 체크무늬
- 안감용 천 : 12×12cm, 흰색
- 두꺼운 마분지 : 23×6cm
- 잠금 고리(약 3.5cm) 2개
- 재봉실 : 빨간색, 흰색
- 바느질 도구

게이지

스포르 실로 코바늘 7호 사용, 짧은뜨기 기준으로 사방 10cm에 11코 12단

의사 가방 만들기

바닥

사슬뜨기 26코를 뜹니다.

1~5단 : 사슬뜨기(기둥코)×1 ⟶ 각 코마다 짧은뜨기

본체

단을 마무리 짓지 않고 나선형으로 둥글게 이어서 아래와 같이 뜹니다.

1단 : ❶ 사슬뜨기(기둥코)×1 ⟶ 짧은뜨기×25 ⟶ 짧은뜨기 2코 늘려뜨기×1

❷ 옆으로 편물을 돌려, 1코 건너뛰기 ⟶ 짧은뜨기×3 ⟶ 짧은뜨기 2코 늘려뜨기×1

❸ 옆으로 편물을 돌려, 1코 건너뛰기 ⟶ 짧은뜨기×24 ⟶ 짧은뜨기 2코 늘려뜨기×1

❹ 옆으로 편물을 돌려, 1코 건너뛰기 ⟶ 짧은뜨기×3 ⟶ 짧은뜨기 2코 늘려뜨기×1 ⟶ 시작 코에 빼뜨기 = 총 66코

2단 : 사슬뜨기(기둥코)×1 ⟶ 각 코마다 뒤쪽 반 코에 이랑뜨기

3~24단 : 각 코마다 짧은뜨기

덮개

왕복으로 단뜨기를 합니다.

1단 : 사슬뜨기(기둥코)×1 ⟶ 짧은뜨기×24 ⟶ 편물 뒤로 돌리기 = 총 24코

2~23단 : 사슬뜨기(기둥코)×1 ⟶ 각 코마다 짧은뜨기

실을 자르고 마지막 고리로 빼내어 매듭을 짓습니다.

덮개 테두리 장식

덮개의 1단 첫코에 실을 겁니다.

❶ 사슬뜨기(기둥코)×1 ⟶ 짧은뜨기×22 ⟶ 끝코에서 짧은뜨기 2코 늘려뜨기×1

❷ 옆으로 편물을 돌려, 1코 건너뛰기 ⟶ 짧은뜨기×22 ⟶ 끝코에서 짧은뜨기 2코 늘려뜨기×1

❸ 옆으로 편물을 돌려, 1코 건너뛰기 ⟶ 짧은뜨기×22

실을 자르고 마지막 고리로 빼내어 매듭을 짓습니다.

손잡이 만들기

사슬뜨기로 17코를 뜹니다.

1~3단 : 사슬뜨기(기둥코)×1 ⟶ 각 코마다 짧은뜨기 = 총 17코씩

실을 자르고 마지막 고리로 빼내어 매듭을 짓습니다.

주머니 만들기

사슬뜨기로 8코를 뜹니다.

1~8단: 사슬뜨기(기둥코)×1 ⋯ 각 코마다 짧은뜨기 = 총 8코씩

주머니 테두리 장식

사슬뜨기(기둥코)×1 ⋯ 짧은뜨기×7 ⋯ 짧은뜨기 2코 늘려뜨기×1 ⋯ (옆으로 편물을 돌려, 1코 건너뛰기 ⋯ 짧은뜨기×6 ⋯ 짧은뜨기 2코 늘려뜨기×1) ⋯ ( )를 2번 반복 ⋯ 시작 코에서 빼뜨기

실을 자르고 마지막 고리로 빼내어 매듭을 짓습니다.
같은 방법으로 주머니를 1개 더 만듭니다.

마무리하기

실을 모두 안으로 정리합니다.

십자가 장식

흰색 천을 십자가 모양으로 자른 다음, 모서리에 가위밥을 줍니다(119쪽 실물 도안 참고). 사방을 5mm씩 안쪽으로 접어서 다림질합니다. 가방 덮개의 중앙에 십자가를 놓고 핀으로 고정한 다음, 공그르기로 바느질합니다.
체크무늬 천은 17.5×4.5cm(손잡이용) 1장, 11×10.5cm(주머니용) 2장, 62×22cm(본체용) 1장, 25.5×22cm(덮개용) 1장, 48×8cm(마분지 커버용) 1장으로 자릅니다.

손잡이용 안감

사방을 1cm씩 안쪽으로 접어 다림질합니다. 손잡이 위에 안감을 놓고 공그르기로 바느질합니다. 덮개의 4단과 6단 사이, 가장자리에서 6cm 위치에 손잡이 끝을 놓고 핀으로 고정한 다음, 바느질합니다.

주머니용 안감

손잡이용 안감과 같은 방법으로 고정합니다. 주머니 1단이 본체 6단 아래에 나란히 놓이도록 하고, 가장자리 4cm 떨어진 위치에 핀으로 고정한 다음, 공그르기로 바느질합니다.

본체용 안감

❶ 겉쪽이 서로 마주 보도록 놓고, 짧은 변이 서로 겹치도록 반을 접습니다. 옆 솔기와 바닥을 모두 가장자리에서 1cm 떨어진 위치에서 박음질하여 시접 처리합니다.

❷ 바닥의 양끝에는 6cm 너비의 삼각형 모양 시접을 넣고, 측면에 수직으로 바느질합니다(40쪽 그림 2 참고).

❸ 위쪽 가장자리를 1cm 안쪽으로 접어 다림질합니다. 편물 본체 위에 안쪽이 서로 마주 보도록 놓고, 핀으로 고정한 다음, 공그르기로 바느질합니다.

덮개용 안감

사방을 1cm씩 안쪽으로 접어 다림질합니다. 덮개 위에 안감을 놓고, 핀으로 고정한 다음, 공그르기로 바느질합니다.

마분지 커버용 안감

❶ 겉쪽이 서로 마주 보고, 짧은 변이 서로 겹치도록 반을 접습니다.

❷ 양쪽 긴 변의 가장자리에서 1cm 안쪽에 바느질하여 시접 처리합니다.

❸ 창구멍을 통해 안감을 바깥쪽으로 뒤집고, 안에 마분지를 넣습니다.

❹ 창구멍의 시접은 마분지 가까이 안쪽으로 접어 넣고, 공그르기로 마무리합니다.

❺ 이렇게 만들어진 판을 가방 덮개의 아래쪽, 안감 위에 꿰맵니다.

❻ 잠금 고리 세트는 각각 주머니와 덮개 위에 잘 맞추어 고정합니다.

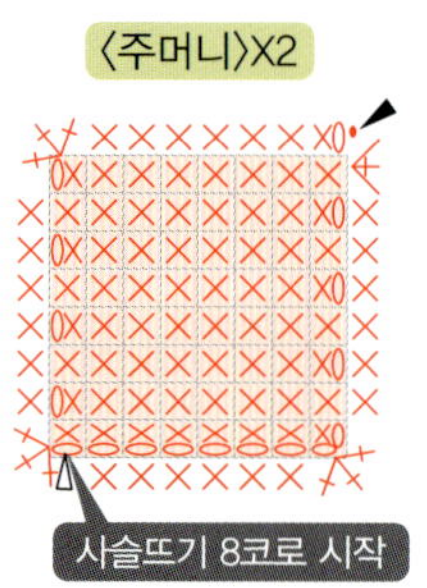

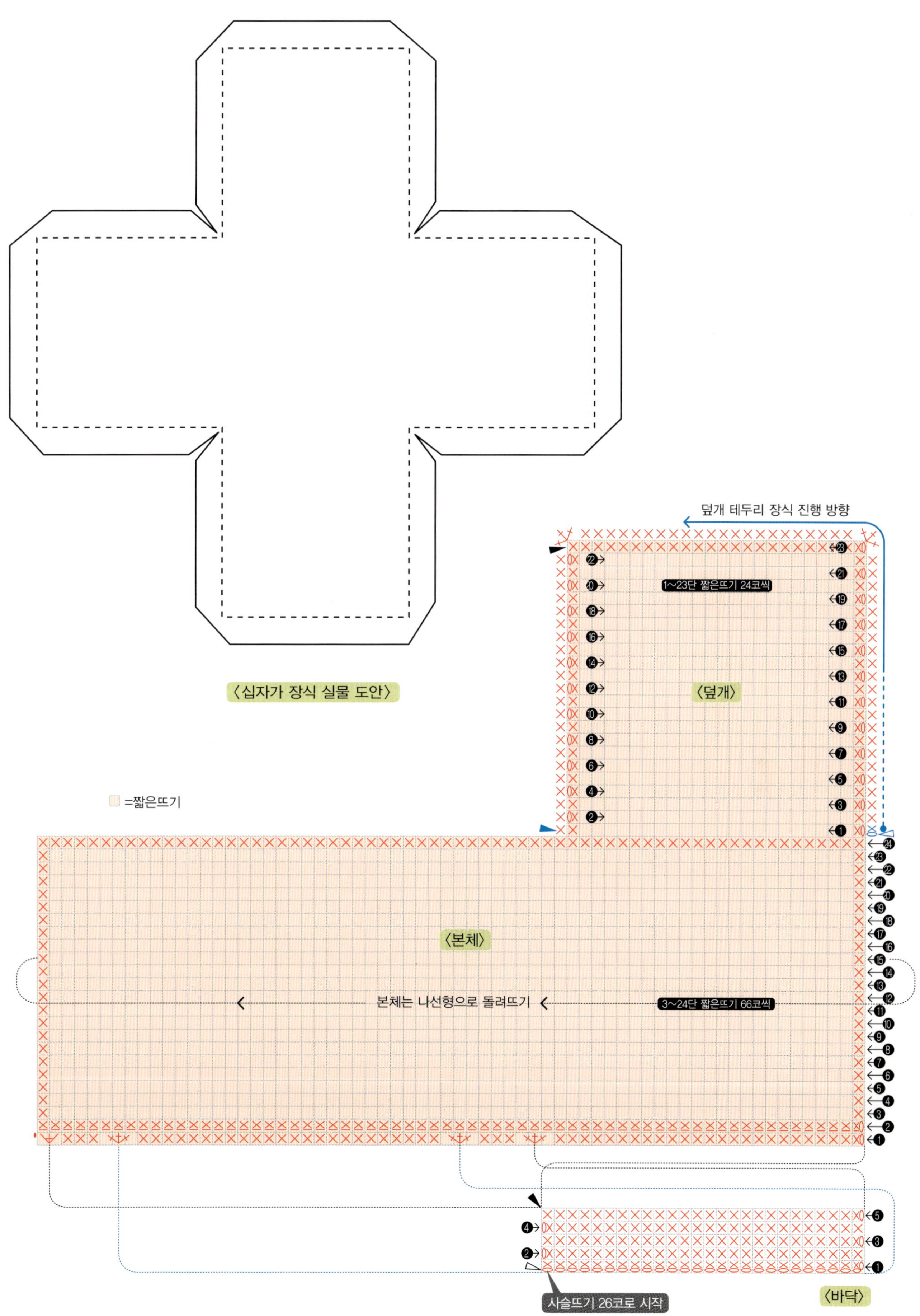

〈십자가 장식 실물 도안〉
덮개 테두리 장식 진행 방향
1~23단 짧은뜨기 24코씩
〈덮개〉
=짧은뜨기
〈본체〉
본체는 나선형으로 돌려뜨기
3~24단 짧은뜨기 66코씩
사슬뜨기 26코로 시작
〈바닥〉

Les bobos de mon doudou 곰돌이가 아파요(병원놀이 세트)

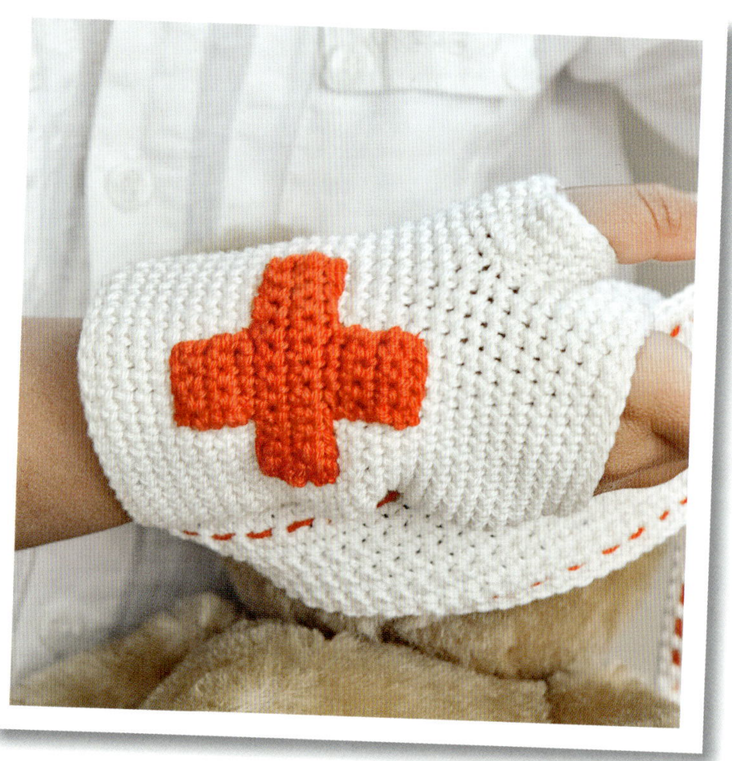

병원놀이에 필요한 청진기, 손가락 붕대, 체온계,
연고 튜브, 깁스를 만들어 예쁜 의사 가방 안에 담아
아이에게 생일 선물로 어떨까요?

만드는 방법과 도안

준비물

- 실 : 베르제르(Bergère)사
  - 코튼 피프티(Coton Fifty, Acrylic 50%, Cotton 50%, 50g, 140m) : 아이보리색 1볼, 빨간색 1볼, 민트색 1볼, 베이지색 1볼

사용 실		대체 실	
실 이름	색상	실 이름(제조사/제조국)	색상
코튼 피프티	아이보리색	Partner 3.5 (필다르/프랑스)	132번 아이보리
	빨간색	Phil Coton 3 (필다르/프랑스)	84번 레드
	민트색	Phil Coton 3 (필다르/프랑스)	58번 에메랄드
	베이지색	Phil Coton 3 (필다르/프랑스)	04번 라이트 그레이
		하이소프트(국산)	90번 베이지

- 코바늘 3mm(5호)
- 가는 끈 : 굵기 약 1.2cm, 길이 70cm
- 폴리에스테르 솜
- 재봉실 : 회색, 파란색, 빨간색
- 바느질 도구

청진기 만들기

청진판

빨간색 실로 실 고리를 만듭니다(9쪽 참고). 단을 마무리 짓지 않고 나선형으로 둥글게 이어서 아래의 표와 같이 뜹니다.

단	방법	+/−	콧수
1	실 고리에 짧은뜨기×8		8
2	짧은뜨기 1코 늘려뜨기×8	+8	16
3	(짧은뜨기×1 ⋯▶ 짧은뜨기 1코 늘려뜨기×1)×8	+8	24
4	(짧은뜨기×2 ⋯▶ 짧은뜨기 1코 늘려뜨기×1)×8	+8	32
5	(짧은뜨기×3 ⋯▶ 짧은뜨기 1코 늘려뜨기×1)×8	+8	40
6~7	각 코마다 짧은뜨기		40
8	(짧은뜨기×3 ⋯▶ 짧은뜨기 2코 모아뜨기×1)×8	−8	32
9	(짧은뜨기×2 ⋯▶ 짧은뜨기 2코 모아뜨기×1)×8	−8	24
10	(짧은뜨기×1 ⋯▶ 짧은뜨기 2코 모아뜨기×1)×8	−8	16
11	짧은뜨기 2코 모아뜨기×8	−8	8
12	짧은뜨기 2코 모아뜨기×4	−4	4

실을 자르고 마지막 고리로 빼내어 매듭을 짓습니다.

관 연결 삼각형

민트색 실로 실 고리를 만듭니다. 나선형으로 둥글게 이어서 아래의 표와 같이 뜹니다.

단	방법	+/−	콧수
1	실 고리에 짧은뜨기×6		6
	아래쪽 관이 들어갈 정도의 구멍을 남기고 고리를 조입니다.		
2	(짧은뜨기×2 ⋯▶ 짧은뜨기 1코 늘려뜨기×1)×2	+2	8
3	(짧은뜨기×3 ⋯▶ 짧은뜨기 1코 늘려뜨기×1)×2	+2	10
4	(짧은뜨기×4 ⋯▶ 짧은뜨기 1코 늘려뜨기×1)×2	+2	12
5	(짧은뜨기×5 ⋯▶ 짧은뜨기 1코 늘려뜨기×1)×2	+2	14
6	(짧은뜨기×6 ⋯▶ 짧은뜨기 1코 늘려뜨기×1)×2	+2	16
7	(짧은뜨기×7 ⋯▶ 짧은뜨기 1코 늘려뜨기×1)×2	+2	18
8	(짧은뜨기×8 ⋯▶ 짧은뜨기 1코 늘려뜨기×1)×2	+2	20
9	(짧은뜨기×9 ⋯▶ 짧은뜨기 1코 늘려뜨기×1)×2	+2	22
10	(짧은뜨기×10 ⋯▶ 짧은뜨기 1코 늘려뜨기×1)×2	+2	24
11	(짧은뜨기×11 ⋯▶ 짧은뜨기 1코 늘려뜨기×1)×2 ⋯▶ 마지막에 빼뜨기	+2	26

실을 자르고 마지막 고리로 빼내어 매듭을 짓습니다.

위쪽 관
베이지색 실로 사슬뜨기 80코를 뜹니다.

1~6단: 사슬뜨기(기둥코)×1 ⟶ 각 코마다 짧은뜨기
= 총 80코씩

실을 자르고 마지막 고리로 빼내어 매듭을 짓습니다.

아래쪽 관
베이지색 실로 사슬뜨기 100코를 뜹니다.

1~6단: 사슬뜨기(기둥코)×1 ⟶ 각 코마다 짧은뜨기 = 총 100코
실을 자르고 마지막 고리로 빼내어 매듭을 짓습니다.

귀꽂이
민트색 실로 실 고리를 만듭니다. 나선형으로 둥글게 이어서
아래의 표와 같이 뜹니다.

단	방법	+/−	콧수
1	실 고리에 짧은뜨기×12		12
2~6	각 코마다 짧은뜨기	+8	12
7~8	각 코마다 짧은뜨기를 하되, 각 단마다 1코씩 줄이기	(−1)×2	10
9	각 코마다 짧은뜨기를 하되, 1코 줄이기 ⟶ 마지막에 빼뜨기	−1	9

실을 자르고 마지막 고리로 빼내어 매듭을 짓습니다.
같은 방법으로 귀꽂이를 1개 더 만듭니다.

마무리하기
❶ 실을 모두 안쪽으로 정리합니다.
❷ 가는 끈에 편물 관을 씌운 다음, 공그르기로 긴 변을 꿰맵니다.
❸ 귀꽂이는 안을 솜으로 채우고, 위쪽 관의 양 끝에 연결하여 꿰맵니다.
❹ 아래쪽 관의 한쪽은 관 연결 삼각형의 가운데 구멍에 집어넣고 꿰맵니다. 다른 한쪽은 청진판에 연결하여 꿰맵니다.
❺ 위쪽 관과 관 연결 삼각형을 연결하여 꿰맵니다.

손가락 붕대 만들기
빨간색 실로 실 고리를 만듭니다. 나선형으로 둥글게 이어서
아래와 같이 뜹니다.

1단: 실 고리에 짧은뜨기×8
2단: 짧은뜨기 1코 늘려뜨기×8 = 총 16코
3~13단: 각 코마다 짧은뜨기
왕복으로 단뜨기를 이어나갑니다.

14단: 짧은뜨기×5 ⟶ 짧은뜨기 2코 모아뜨기×1 = 총 6코
15단: 사슬뜨기(기둥코)×1 ⟶ 짧은뜨기×4 ⟶ 짧은뜨기 2코 모아뜨기×1 = 총 5코
16단: 사슬뜨기(기둥코)×1 ⟶ 짧은뜨기×3 ⟶ 짧은뜨기 2코 모아뜨기×1 = 총 4코
17단: 사슬뜨기(기둥코)×1 ⟶ 짧은뜨기×2 ⟶ 짧은뜨기 2코 모아뜨기×1 = 총 3코
18단: 사슬뜨기(기둥코)×1 ⟶ 짧은뜨기×1 ⟶ 짧은뜨기 2코 모아뜨기×1 = 총 2코
19단: 사슬뜨기(기둥코)×1 ⟶ 짧은뜨기 2코 모아뜨기×1 = 총 1코

{사슬뜨기 55코를 뜹니다. 실을 자르고 마지막 고리로 빼내어 매듭을 짓습니다.}

13단의 마지막 코 옆에 빨간색 실을 걸어서 짧은뜨기 1코를 뜹니다. 사슬뜨기 1코를 뜨고 14~19단을 1번 반복하고, { }를 1번 반복합니다. 실을 모두 안으로 정리합니다.

붕대 만들기
아이보리색 실로 사슬뜨기 150코를 뜹니다.

1~11단: 사슬뜨기(기둥코)×1 ⟶ 각 코마다 짧은뜨기 = 총 150코
실을 자르고 마지막 고리로 빼내어 매듭을 짓습니다. 실을 모두 안으로 정리합니다.
양쪽 긴 변 가장자리를 따라서 코 사이사이 바늘을 넣어 빨간색 실로 굵게 스티치합니다.
같은 방법으로 붕대를 1개 더 만듭니다.

체온계 만들기
아이보리색 실로 실 고리를 만듭니다. 나선형으로 둥글게 이어서 아래와 같이 뜹니다.

단	방법	+/−	콧수
1	실 고리에 짧은뜨기×7		8
2	짧은뜨기 1코 늘려뜨기×7	+7	14
3~21	각 코마다 짧은뜨기		14
22	짧은뜨기 2코 모아뜨기×7	−7	7
아이보리색 실을 자르고 베이지색 실로 이어나갑니다.			
23~26	각 코마다 짧은뜨기		7
27	짧은뜨기 2코 모아뜨기×3 ⟶ 짧은뜨기×1	−3	4
28	짧은뜨기 2코 모아뜨기×2 ⟶ 마지막에 빼뜨기	−2	2

실을 자르고 마지막 고리로 빼내어 매듭을 짓습니다. 실을 모두 안으로 정리합니다. 빨간색 재봉실로 스트레이트 스티치를 사용해 체온계 눈금을 표시합니다.

연고 튜브 만들기

민트색 실로 실 고리를 만듭니다. 나선형으로 둥글게 이어서 아래와 같이 뜹니다.

1단: 실 고리에 짧은뜨기×12

2단: 짧은뜨기 1코 늘려뜨기×12 = 총 24코

3~28단: 각 코마다 짧은뜨기

편물을 뜨면서 솜으로 조금씩 안을 채워나갑니다.

마무리 1단: 편물을 반으로 접고, 바늘로 2겹을 함께 찔러 넣어, 짧은뜨기×12

마무리 2단: 사슬뜨기(기둥코)×1 ⟶ 짧은뜨기×12

실을 자르고 마지막 고리로 빼내어 매듭을 짓습니다.

뚜껑

아이보리색 실로 실 고리를 만듭니다. 나선형으로 둥글게 이어서 아래와 같이 뜹니다.

1단: 실 고리에 짧은뜨기×8

2단: 각 코마다 앞쪽 반 코에 이랑뜨기

3단: 1단의 각 코마다 뒤쪽 반 코에 이랑뜨기

4~6단: 각 코마다 짧은뜨기

실을 자르고 마지막 고리로 빼내어 매듭을 짓습니다. 실을 모두 안으로 정리합니다. 솜을 채우고, 연고 튜브에 꿰맵니다.

깁스 만들기

본체

아이보리색 실로 사슬뜨기 48코를 뜹니다. 1번째 사슬코에서 빼뜨기를 하여 사슬뜨기 원형코를 만듭니다.

1단: 사슬뜨기(기둥코)×1 ⟶ 각 코마다 짧은뜨기 = 총 48코

2~22단: 각 코마다 짧은뜨기

23단: 짧은뜨기×29 ⟶ 사슬뜨기×9 ⟶ 9코 건너뛰기 ⟶ 짧은뜨기×10

24단: 짧은뜨기 2코 모아뜨기×1 ⟶ 짧은뜨기×6 ⟶ 짧은뜨기 2코 모아뜨기×1 ⟶ 짧은뜨기×19 ⟶ 사슬뜨기 아치에 바늘 넣어 짧은뜨기×9 ⟶ 짧은뜨기×10 = 총 46코

25단: 짧은뜨기×46

26~28단: 각 코마다 짧은뜨기를 하되, 각 단마다 1코씩 줄이기 = 총 43코

29단: 각 코마다 짧은뜨기 ⟶ 마지막에 빼뜨기

아이보리색 실을 자르고 마지막 고리로 빼내어 매듭을 짓습니다.

엄지 부분

실을 23단의 건너뛴 9개 코의 첫코에 연결합니다. 짧은뜨기 18코씩 4단을 나선형으로 뜹니다. 실을 자르고 마지막 고리로 빼내어 매듭을 짓습니다.

십자가 모티브

빨간색 실로 사슬뜨기 4코를 뜹니다.

1~3단: 사슬뜨기(기둥코)×1 ⟶ 각 코마다 짧은뜨기 = 총 4코씩

4단: 사슬뜨기(기둥코)×1 ⟶ 짧은뜨기×4 ⟶ 사슬뜨기×4

5단: 사슬뜨기(기둥코)×1 ⟶ 짧은뜨기×8 ⟶ 사슬뜨기×4

6단: 사슬뜨기(기둥코)×1 ⟶ 짧은뜨기×12 = 총 12코

7~8단: 사슬뜨기(기둥코)×1 ⟶ 각 코마다 짧은뜨기

9단: 빼뜨기×4 ⟶ 짧은뜨기×4 ⟶ 편물 뒤로 돌리기 = 총 4코

10~12단: 사슬뜨기(기둥코)×1 ⟶ 각 코마다 짧은뜨기

실을 자르고 마지막 고리로 빼내어 매듭을 짓습니다.

마무리하기

실을 모두 안으로 정리합니다. 십자가 모티브는 깁스를 착용했을 때 손등 위에 오도록 위치를 잡아, 공그르기로 바느질합니다.

> **응용하기**
>
> 청진기 연결관은 집에 있는 재료를 이용해 얼마든지 바꿀 수 있습니다. 나일론 끈을 여러 겹 꼬아서 만들거나, 어항용 플라스틱 튜브 혹은 오래된 침대시트를 찢어 여러 겹 꼬아 쓸 수도 있답니다.

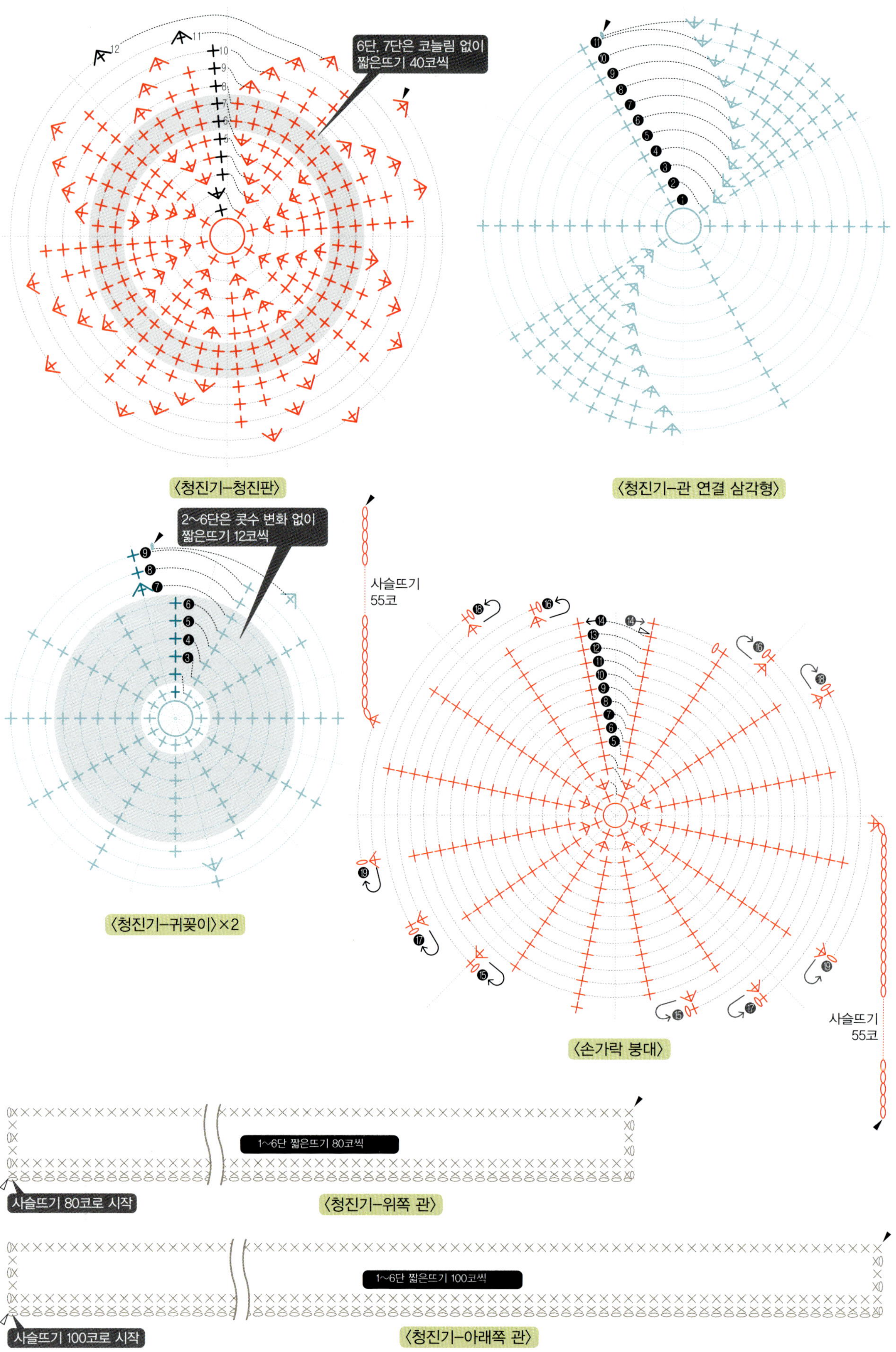

〈청진기-청진판〉

〈청진기-관 연결 삼각형〉

〈청진기-귀꽂이〉×2

〈손가락 붕대〉

〈청진기-위쪽 관〉

〈청진기-아래쪽 관〉

사슬뜨기 150코로 시작
1~11단 짧은뜨기 150코씩
〈붕대〉×2

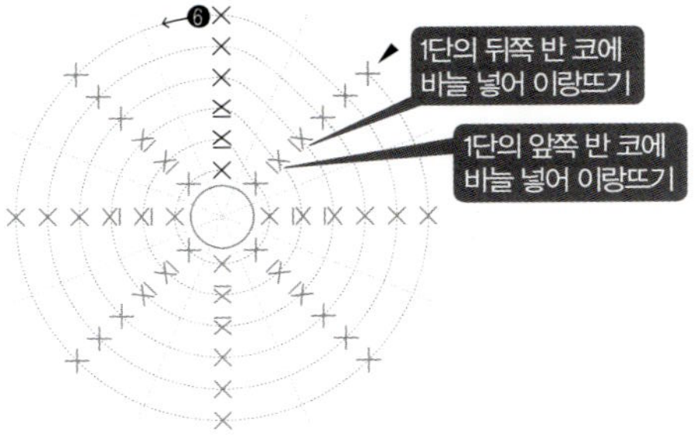

1단의 뒤쪽 반 코에 바늘 넣어 이랑뜨기
1단의 앞쪽 반 코에 바늘 넣어 이랑뜨기
〈연고 튜브 뚜껑〉

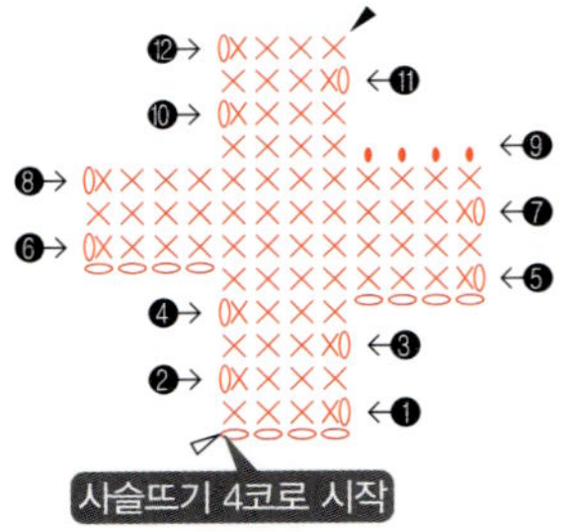

사슬뜨기 4코로 시작
〈깁스-십자가 모티브〉

〈깁스-엄지 부분〉 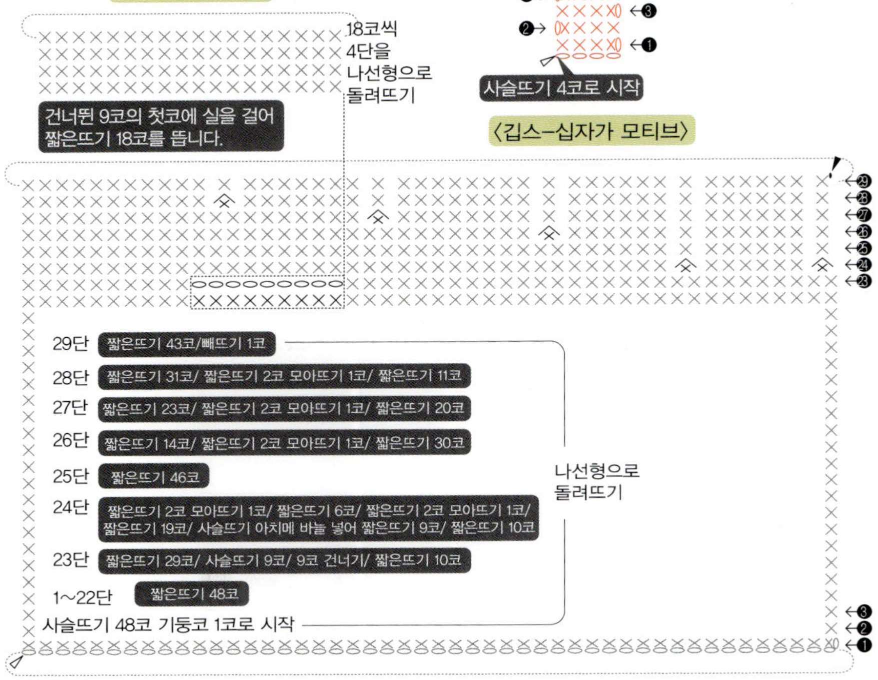
18코씩 4단을 나선형으로 돌려뜨기
건너뛴 9코의 첫코에 실을 걸어 짧은뜨기 18코를 뜹니다.

29단 짧은뜨기 43코/빼뜨기 1코
28단 짧은뜨기 31코/ 짧은뜨기 2코 모아뜨기 1코/ 짧은뜨기 11코
27단 짧은뜨기 23코/ 짧은뜨기 2코 모아뜨기 1코/ 짧은뜨기 20코
26단 짧은뜨기 14코/ 짧은뜨기 2코 모아뜨기 1코/ 짧은뜨기 30코
25단 짧은뜨기 46코
24단 짧은뜨기 2코 모아뜨기 1코/ 짧은뜨기 6코/ 짧은뜨기 2코 모아뜨기 1코/ 짧은뜨기 19코/ 사슬뜨기 아치에 바늘 넣어 짧은뜨기 9코/ 짧은뜨기 10코
23단 짧은뜨기 29코/ 사슬뜨기 9코/ 9코 건너기/ 짧은뜨기 10코
1~22단 짧은뜨기 48코
사슬뜨기 48코 기둥코 1코로 시작
나선형으로 돌려뜨기
〈깁스-본체〉

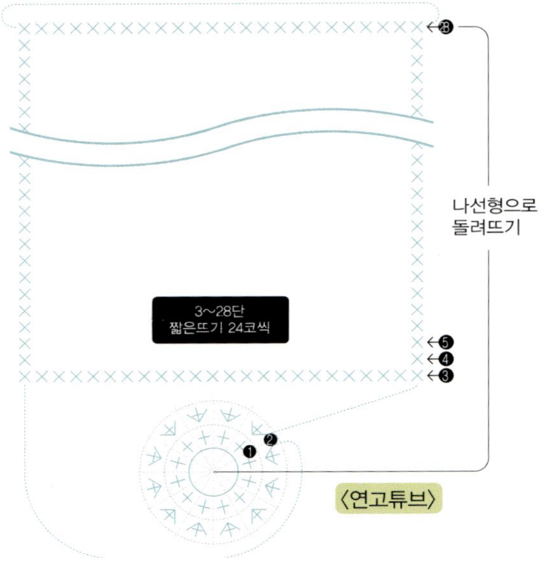

나선형으로 돌려뜨기
3~28단 짧은뜨기 24코씩
〈연고튜브〉

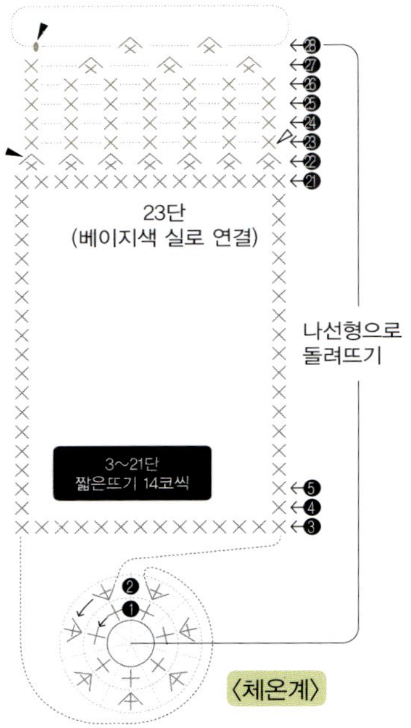

23단 (베이지색 실로 연결)
나선형으로 돌려뜨기
3~21단 짧은뜨기 14코씩
〈체온계〉

Sac à jouets 장난감 가방

인형이나 로봇 등 아이가 갖고 노는 장난감을
깔끔하게 보관할 수 있는 넉넉한 크기의 가방입니다.
방 한쪽에 그냥 두어도 그 자체로 예쁜 소품이 됩니다!

만드는 방법과 도안

준비물

- 실 : 베르제르(Bergère)사
  - 바리지엔(Barisienne, Acrylic 100%, 50g, 140m): 파란색 2볼, 흰색 1볼, 빨간색 1볼

사용 실		대체 실	
실 이름	색상	실 이름(제조사/제조국)	색상
바리지엔	파란색	Dollymix DK(킹콜/영국)	21번 블루
	흰색	Dollymix DK(킹콜/영국)	01번 화이트
	빨간색	Dollymix DK(킹콜/영국)	09번 레드

- 코바늘 6mm(10호)
- 천 : 85×45cm, 흰색 도트무늬의 빨간색
- 재봉실 : 빨간색
- 바느질 도구

게이지

바리지엔 실로 코바늘 10호 사용, 모티브의 크기는 18×18cm

모티브 만들기

파란색 실로 사슬뜨기 3코를 뜹니다. 1번째 사슬코에서 빼뜨기를 하여 사슬뜨기 원형코를 만듭니다.

1단 : 사슬뜨기(기둥코)×3 ⟶ 사슬뜨기×3 ⟶ 가운데 구멍에 바늘 넣어, 1길 긴뜨기×3 ⟶ 사슬뜨기×3)×3 ⟶ 가운데 구멍에 바늘 넣어 1길 긴뜨기×2 ⟶ 사슬뜨기(기둥코) 3번째 코에서 빼뜨기

파란색 실을 자르고, 흰색 실로 이어나갑니다.

2단 : 사슬뜨기(기둥코)×3 ⟶ 사슬뜨기×3 ⟶ 1번째 아치에서 1길 긴뜨기×3 ⟶ (사슬뜨기×1 ⟶ 다음 아치에서 1길 긴뜨기×3 ⟶ 사슬뜨기×3 ⟶ 같은 아치에서 1길 긴뜨기×3)×3 ⟶ 사슬뜨기×1 ⟶ 1번째 아치에서 1길 긴뜨기×2 ⟶ 사슬뜨기(기둥코) 3번째 코에서 빼뜨기

3단 : 사슬뜨기(기둥코)×3 ⟶ 사슬뜨기×3 ⟶ 1번째 아치에서 1길 긴뜨기×3 ⟶ (사슬뜨기×1 ⟶ 다음 아치에 1길 긴뜨기×3 ⟶ 사슬뜨기×1 ⟶ 다음 아치에서 1길 긴뜨기×3 ⟶ 사슬뜨기×3 ⟶ 같은 아치에서 1길 긴뜨기×3)×3 ⟶ 사슬뜨기×1 ⟶ 다음 아치에 1길 긴뜨기×3 ⟶ 사슬뜨기×1 ⟶ 1번째 아치에 1길 긴뜨기×2 ⟶ 사슬뜨기(기둥코) 3번째 코에서 빼뜨기

4단 : 사슬뜨기(기둥코)×3 ⟶ 사슬뜨기×3 ⟶ 1번째 아치에서 1길 긴뜨기×3 ⟶ {(사슬뜨기×1 ⟶ 다음 아치에서 1길 긴뜨기×3)×2 ⟶ 사슬뜨기×1 ⟶ 다음 아치에 1길 긴뜨기×3 ⟶ 사슬뜨기×3 ⟶ 1길 긴뜨기×3}×3 ⟶ (사슬뜨기×1 ⟶ 다음 아치에 1길 긴뜨기×3)×2 ⟶ 사슬뜨기×1 ⟶ 1번째 아치에 1길 긴뜨기×2 ⟶ 사슬뜨기(기둥코) 3번째 코에서 빼뜨기

흰색 실을 자르고 파란색 실로 이어나갑니다.

5단 : 사슬뜨기(기둥코)×3 ⟶ 사슬뜨기×3 ⟶ 1번째 아치에서 1길 긴뜨기×3 ⟶ {(사슬뜨기×1 ⟶ 다음 아치에 1길 긴뜨기×3)×3 ⟶ 사슬뜨기×1 ⟶ 다음 아치에서 1길 긴뜨기×3 ⟶ 사슬뜨기×3 ⟶ 1길 긴뜨기×3}×3 ⟶ (사슬뜨기×1 ⟶ 다음 아치에서 1길 긴뜨기×3)×3 ⟶ 사슬뜨기×1 ⟶ 1번째 아치에서 1길 긴뜨기×2 ⟶ 사슬뜨기(기둥코) 3번째 코에서 빼뜨기

파란색 실을 자르고 흰색 실로 이어나갑니다.

6단 : 사슬뜨기(기둥코)×3 ⟶ 사슬뜨기×3 ⟶ 1번째 아치에서 1길 긴뜨기×3 ⟶ {(사슬뜨기×1 ⟶ 다음 아치에서 1길 긴뜨기×3)×4 ⟶ 사슬뜨기×1 ⟶ 다음 아치에서 1길 긴뜨기×3 ⟶ 사슬뜨기×3 ⟶ 1길 긴뜨기×3}×3 ⟶ (사슬뜨기×1 ⟶ 다음 아치에서 1길 긴뜨기×3)×4 ⟶ 사슬뜨기×1 ⟶ 1번째 아치에서 1길 긴뜨기×2 ⟶ 사슬뜨기(기둥코) 3번째 코에서 빼뜨기

흰색 실을 자르고 빨간색 실로 이어나갑니다.

7단 : 사슬뜨기(기둥코)×3 ⟶ 사슬뜨기×3 ⟶ 1번째 아치에서 1길 긴뜨기×3 ⟶ {(사슬뜨기×1 ⟶ 다음 아치에서 1길 긴뜨기×3)×5 ⟶ 사슬뜨기×1 ⟶ 다음 아치에서 1길 긴뜨기×3 ⟶ 사슬뜨기×3 ⟶ 1길 긴뜨기×3}×3 ⟶ (사슬뜨기×1 ⟶ 다음 아치에서 1길 긴뜨기×3)×5 ⟶ 사슬뜨기×1 ⟶ 1번째 아치에서 1길 긴뜨기×2 ⟶ 사슬뜨기(기둥코) 3번째 코에서 빼뜨기

빨간색 실을 자르고 파란색 실로 이어나갑니다.

8단: 사슬뜨기(기둥코)×1 ⟶ 짧은뜨기×1 ⟶ 모서리 아치에서 짧은뜨기 2코 늘려뜨기×1 ⟶ (짧은뜨기×27 ⟶ 짧은뜨기 2코 늘려뜨기×1)×3 ⟶ 짧은뜨기×26 ⟶ 시작 코에서 빼뜨기

파란색 실을 자르고 마지막 고리로 빼내어 매듭을 짓습니다. 실을 모두 안으로 정리합니다.

같은 방법으로 모티브를 총 5개 만듭니다.

손잡이 만들기

파란색 실로 사슬뜨기 50코를 뜹니다.

1~5단: 사슬뜨기(기둥코)×1, 각 코마다 짧은뜨기
= 총 50코씩

실을 자르고 마지막 고리로 빼내어 매듭을 짓습니다. 실을 모두 안쪽으로 정리합니다.

같은 방법으로 손잡이를 1개 더 만듭니다.

마무리하기

모티브 잇기

❶ 모티브 2개를 겉쪽이 서로 마주 보도록 겹쳐놓습니다. 빨간색 실을 펜 바늘로 모티브 2겹을 한꺼번에 찔러, 한쪽 변을 따라 짧은뜨기 31코로 1단을 뜹니다(10쪽 참고).

❷ ❶과 같은 방법으로 4개의 모티브를 띠 모양으로 연결하고, 마지막에 1번째 모티브와 4번째 모티브를 연결하면 가방의 옆면을 완성됩니다. 바닥이 될 나머지 모티브 1장을 옆면과 연결합니다.

❸ 파란색 실로 위쪽 테두리를 따라 짧은뜨기 1단을 뜹니다 (사슬뜨기 1코로 시작해서 빼뜨기 1코 마무리).

❹ 손잡이를 가방의 안쪽에서 꿰맵니다.

안감

❶ 천을 82×20cm(내벽용) 1장, 20×20cm(바닥용) 1장, 5×32cm(손잡이용) 2장으로 자릅니다.

❷ 내벽용 천은 겉쪽이 서로 마주 보고, 짧은 변이 겹치도록 반을 접습니다. 짧은 변에서 1cm 안쪽을 따라 바느질합니다.

❸ 바닥용 천의 둘레와 내벽용 천의 아랫부분을 핀으로 고정한 다음, 가장자리에서 1cm 안쪽을 따라 바느질합니다.

❹ 손잡이용 천은 양쪽 긴 변에서 1cm씩 안쪽으로 접어 다림질합니다. 손잡이 안쪽에 천을 놓고 핀으로 고정한 다음, 공그르기로 바느질합니다.

❺ 편물 가방 안쪽에 안감의 안쪽이 서로 닿도록 하여 놓습니다. 위쪽 가장자리 시접을 안으로 접어 넣고, 손잡이 끝부분을 덮어, 핀으로 고정한 다음, 공그르기로 바느질합니다.

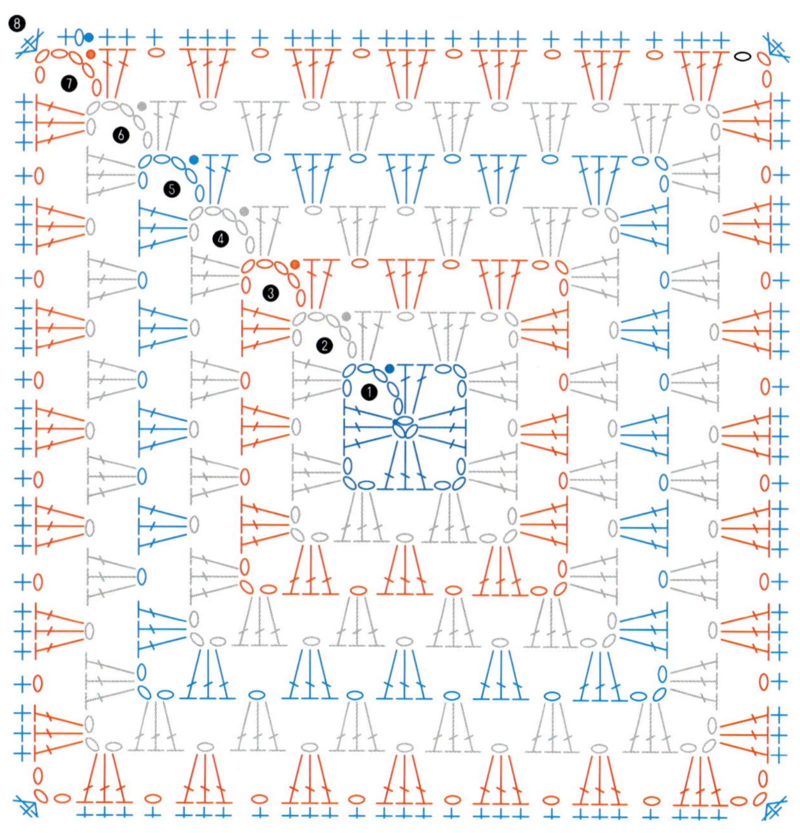

〈모티브〉×5

Un dernier projet

『프랑스에서 만난 코바늘 소품』을 마무리하며, 오직 '나만을' 위해 만들어보면 좋을 작품을 마지막으로 준비하였습니다. 하고 싶은 일, 좋아하는 일 등을 정성스레 적어두면 꿈이 이루어지는 행운의 다이어리 커버입니다.

만드는 방법과 도안

준비물

- 실 : 베르제르(Bergère)사
  - 오리진 메리노스(Origin Merinos, Merino 100%, 50g, 105m) : 흰색 1볼, 분홍색 1볼, 주황색 1볼, 빨간색 1볼

사용 실		대체 실	
실 이름	색상	실 이름(제조사/제조국)	색상
오리진 메리노스	흰색	Zara(필라투라 디 크로사/이탈리아)	1401번 백아이보리
	분홍색	Sublime Baby (서다/영국)	48번 핑크
	주황색	Sublime Baby (서다/영국)	158번 라이트다홍
	빨간색	Zara(필라투라 디 크로사/이탈리아)	1912번 레드

- 코바늘 4mm(7호)
- 다이어리 : 크기 13×21cm, 두께 1.5cm
- 안감용 천 : 61×23.5cm(양면)
- 재봉실 : 안감에 어울리는 색
- 바느질 도구

게이지

모티브의 크기 28×21.5cm

커버 만들기

흰색 실로 사슬뜨기 20코를 뜹니다.

밑단(0단) : 사슬뜨기(기둥코)×3 ⋯ 1코 건너뛰기 ⋯ 1길 긴뜨기×3 ⋯ (사슬뜨기×1 ⋯ 1코 선너뛰기 ⋯ 1길 긴뜨기×3)×3 ⋯ 3코 건너뛰기 ⋯ 마지막 사슬코에서 빼뜨기

1단부터 끝까지 나선형으로 둥글게 이어서 뜹니다.

1단 : 사슬뜨기(기둥코)×3 ⋯ 1번째 아치에서 1길 긴뜨기×2 ⋯ 사슬뜨기×1 ⋯ 1번째 아치에서 1길 긴뜨기×3 ⋯ 사슬뜨기×1 ⋯ 1번째 아치에서 1길 긴뜨기×3 ⋯ (사슬뜨기×1 ⋯ 다음 아치에서 1길 긴뜨기×3)×3 ⋯ 사슬뜨기×1 ⋯ (다음 아치에서 1길 긴뜨기×3 ⋯ 사슬뜨기×1)×2 ⋯ 1길 긴뜨기×3 ⋯ (사슬뜨기×1 ⋯ 다음 아치에서 1길 긴뜨기×3)×3 ⋯ 사슬뜨기×1 ⋯ 사슬뜨기(기둥코) 3번째 코에서 빼뜨기

2단 : 사슬뜨기(기둥코)×3 ⋯ 사슬뜨기×1 ⋯ {(1번째 아치에서 1길 긴뜨기×3 ⋯ 사슬뜨기×3 ⋯ 1번째 아치에서 1길 긴뜨기×3) ⋯ 사슬뜨기×1 ⋯ 다음 아치에서 1길 긴뜨기×3 ⋯ 사슬뜨기×3 ⋯ 같은 아치에서 1길 긴뜨기×3} ⋯ (사슬뜨기×1 ⋯ 다음 아치에서 1길 긴뜨기×3)×4 ⋯ 사슬뜨기×1 ⋯ { }를 1번 반복 ⋯ (사슬뜨기×1 ⋯ 다음 아치에서 1길 긴뜨기×3)×3 ⋯ 사슬뜨기×1 ⋯ 다음 아치에서 1길 긴뜨기×2 ⋯ 사슬뜨기(기둥코) 3번째 코에서 빼뜨기

흰색 실을 자르고 분홍색 실로 이어나갑니다.

3단 : 사슬뜨기(기둥코)×3 ⋯ 1번째 아치에서 1길 긴뜨기×2 ⋯ {(사슬뜨기×1 ⋯ 다음 아치에서 1길 긴뜨기×3 ⋯ 사슬뜨기×3 ⋯ 1길 긴뜨기×3) ⋯ 사슬뜨기×1 ⋯ 다음 아치에서 1길 긴뜨기×3 ⋯ ( )를 1번 반복} ⋯ (사슬뜨기×1 ⋯ 다음 아치에서 1길 긴뜨기×3)×5 ⋯ { }를 1번 반복 ⋯ (사슬뜨기×1 ⋯ 다음 아치에서 1길 긴뜨기×3)×4 ⋯ 사슬뜨기×1 ⋯ 사슬뜨기(기둥코) 3번째 코에서 빼뜨기

4단 : 사슬뜨기(기둥코)×3 ⋯ 사슬뜨기×1 ⋯ 1번째 아치에서 1길 긴뜨기×3 ⋯ {(사슬뜨기×1 ⋯ 다음 아치에서 1길 긴뜨기×3 ⋯ 사슬뜨기×3 ⋯ 같은 아치에서 1길 긴뜨기×3) ⋯ (사슬뜨기×1 ⋯ 다음 아치에서 1길 긴뜨기×3)×2 ⋯ ( )를 1번 반복} ⋯ (사슬뜨기×1 ⋯ 다음 아치에서 1길 긴뜨기×3)×6 ⋯ { }를 1번 반복 ⋯ (사슬뜨기×1 ⋯ 다음 아치에서 1길 긴뜨기×3)×4 ⋯ 사슬뜨기×1 ⋯ 다음 아치에서 1길 긴뜨기×2 ⋯ 사슬뜨기(기둥코) 3번째 코에서 빼뜨기

분홍색 실을 자르고 주황색 실로 이어나갑니다.

5단 : 사슬뜨기(기둥코)×3 ⋯ 1번째 아치에서 1길 긴뜨기×2 ⋯ 사슬뜨기×1 ⋯ 다음 아치에서 1길 긴뜨기×3 ⋯ {사슬뜨기×1 ⋯ 다음 아치에서 1길 긴뜨기×3 ⋯ 사슬뜨기×3 ⋯ 같은 아치에서 1길 긴뜨기×3 ⋯ (사슬뜨기×1 ⋯ 다음 아치에서 1길 긴뜨기×3)×3 ⋯ 사슬뜨기×1 ⋯ 다음 아치에서 1길 긴뜨기×3 ⋯ 사슬뜨기×3 ⋯ 1길 긴뜨기×3} ⋯ (사슬뜨기×1 ⋯ 다음 아치에서 1길 긴뜨기×3)×7 ⋯ { }를 1번 반복 ⋯ (사슬뜨기×1 ⋯ 다음 아치에서 1길 긴뜨기×3)×5 ⋯ 사슬뜨기×1 ⋯ 사슬뜨기(기둥코) 3번째 코에서 빼뜨기

6단 : 사슬뜨기(기둥코)×3 ⋯ 사슬뜨기×1 ⋯ 1번째 아치에서 1길 긴뜨기×3 ⋯ 사슬뜨기×1 ⋯ 다음 아치에서 1길 긴뜨기×3 ⋯ {사슬뜨기×1 ⋯ 다음 아치에서 1길 긴뜨기×3 ⋯ 사슬뜨기×3 ⋯ 같은 아치에서 1길 긴뜨기×3 ⋯ (사슬뜨기×1 ⋯ 다음 아치에서 1길 긴뜨기×3)×4 ⋯ 사슬뜨기×1 ⋯ 다음 아치에서 1길 긴뜨기×3 ⋯ 사슬뜨기×3 ⋯ 1길 긴뜨기×3} ⋯ (사슬뜨기×1 ⋯ 다음 아치에서 1길 긴뜨기×3)×8 ⋯ { }를 1번 반복 ⋯ (사슬뜨기×1 ⋯ 다음 아치에서 1길 긴뜨기×3)×5 ⋯ 사슬뜨기×1 ⋯ 다음 아치에서 1길 긴뜨기×2 ⋯ 사슬뜨기(기둥코) 3번째 코에서 빼뜨기

주황색 실을 자르고 빨간색 실로 이어나갑니다.

7단 : 사슬뜨기(기둥코)×3 ⋯ 1번째 아치에서 1길 긴뜨기×2 ⋯ (사슬뜨기×1 ⋯ 다음 아치에서 1길 긴뜨기×3)×2 ⋯ {사슬뜨기×1 ⋯ 다음 아치에서 1길 긴뜨기×3 ⋯ 사슬뜨기×3 ⋯ 같은 아치에서 1길 긴뜨기×3 ⋯ (사슬뜨기×1 ⋯ 다음 아치에서 1길 긴뜨기×3)×5 ⋯ 사슬뜨기×1 ⋯ 다음 아치에서 1길 긴뜨기×3 ⋯ 사슬뜨기×3 ⋯ 같은 아치에서 1길 긴뜨기×3} ⋯ (사슬뜨기×1 ⋯ 다음 아치에서 1길 긴뜨기×3)×9 ⋯ { }를 1번 반복 ⋯ (사슬뜨기×1 ⋯ 다음 아치에서 1길 긴뜨기×3)×6 ⋯ 사슬뜨기×1 ⋯ 사슬뜨기(기둥코) 3번째 코에서 빼뜨기

8단 : 사슬뜨기(기둥코)×3 ⋯ 사슬뜨기×1 ⋯ 1번째 아치에서 1길 긴뜨기×3 ⋯ (사슬뜨기×1 ⋯ 다음 아치에서 1길 긴뜨기×3)×3 ⋯ {(사슬뜨기×1 ⋯ 다음 아치에서 1길 긴뜨기×3 ⋯ 사슬뜨기×3 ⋯ 같은 아치에서 1길 긴뜨기×3) ⋯ (사슬뜨기×1 ⋯ 다음 아치에 1길 긴뜨기×3)×6 ⋯ (사슬뜨기×1 ⋯ 다음 아치에서 1길 긴뜨기×3 ⋯ 사슬뜨기×3 ⋯ 같은 아치에서 1길 긴뜨기×3)} ⋯ (사슬뜨기×1 ⋯ 다음 아치에서 1길 긴뜨기×3)×10 ⋯ { }를 1번 반복 ⋯ (사슬뜨기×1 ⋯ 다음 아치에서 1길 긴뜨기×3)×6 ⋯ 사슬뜨기×1 ⋯ 다음 아치에서 1길 긴뜨기×2 ⋯ 사슬뜨기(기둥코) 3번째 코에서 빼뜨기

9단 : 사슬뜨기(기둥코)×3 ⋯ 1번째 아치에서 1길 긴뜨기×2 ⋯ (사슬뜨기×1 ⋯ 다음 아치에서 1길 긴뜨기×3)×3 ⋯ {사슬뜨기×1 ⋯ 다음 아치에서 1길 긴뜨기×3 ⋯ 사슬뜨기×3 ⋯ 같은 아치에서 1길 긴뜨기×3 ⋯ (사슬뜨기×1 ⋯ 다음 아치에서 1길 긴뜨기×3)×7 ⋯ 사슬뜨기×1 ⋯ 다음 아치에서 1길 긴뜨기×3 ⋯ 사슬뜨기×3 ⋯ 1길 긴뜨기×3} ⋯ (사슬뜨기×1 ⋯ 다음 아치에서 1길 긴뜨기×3)×11 ⋯ { }를 1번 반복 ⋯ (사슬뜨기×1 ⋯ 다음 아치에서 1길 긴뜨기×3)×7 ⋯ 사슬뜨기×1 ⋯ 사슬뜨기(기둥코) 3번째 코에서 빼뜨기
빨간색 실을 자르고 마지막 고리로 빼내어 매듭을 짓습니다.

마무리하기

❶ 실을 모두 안으로 정리합니다.
❷ 안감의 둘레는 모두 감침질합니다. 양쪽 짧은 변을 겉쪽으로 1cm씩 접고, 다시 15cm를 접은 다음, 다림질합니다. 양쪽 긴 변은 안쪽으로 1cm씩 접어 다림질합니다.
❸ 안감의 겉면이 위로 오도록 모티브 위에 핀으로 고정한 다음, 공그르기로 바느질합니다.

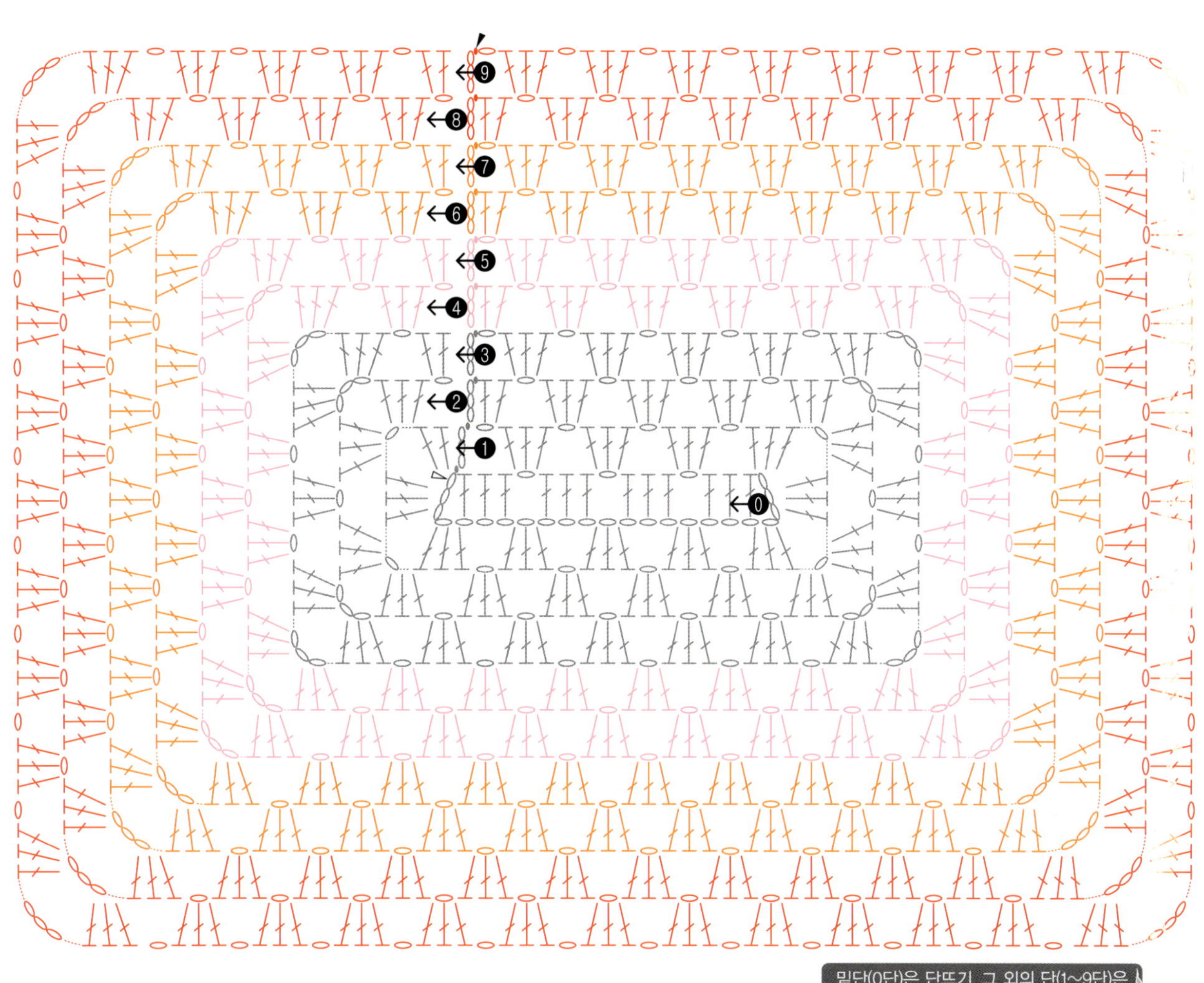

밑단(0단)은 단뜨기, 그 외의 단(1~9단)은
원형뜨기로 돌려뜨기

Remerciements 감사의 말

지난 1년 반 동안, 24시간 나의 아들로서 또 응원군으로도 힘이 되어준 두 아이들, 스완과 메리에게 고마움을 전합니다. 또 제 작품 위에 올라가지 않고 잘 참아준 우리 집 강아지에게도 고맙습니다. (다행히 고양이는 없답니다!)

이제 뜨개질도 하게 된 저의 상담 선생님께 감사하고, 모든 작품의 영감을 불러일으켜준 수강생 여러분께 감사합니다. 파리 지하철 안에서 뜨개질하는 동안 만났던 수많은 이름 모를 분들, 그리고 제 작품에 많은 관심을 보이신 파리지하철공사의 운전사 베르나르 씨 감사해요.

제 블로그에 수많은 댓글을 남겨주시고 늘 응원해주신 블로거 님들께 감사의 마음을 전합니다. 매주 '깜짝 놀랄만한' 아이디어로 손뜨개 릴레이에 참여해주신 모든 분들께 감사합니다. "와! 누나, 그림 다시 그려봐. 괜찮을 것 같아." (내 생각도 그렇단다.) 격려해준 내 동생 로랑에게 감사합니다.

제가 아끼는 코바늘 클로버(Clover)사에 감사하고, 항상 저의 요구에 흔쾌히 응해주신 프랑스 베르제르(Bergère)사 조제트 켈러 씨, 그리고 작업하는 동안 TV 출연을 제안해주신 프랑스 텔레비지옹(France Television, 'Derrick et Le Renard')사에 감사드립니다.

아이들 하굣길을 돌봐준 클레망스(덕분에 제가 엉덩이를 떼지 않고 계속 뜨개질 작업을 할 수 있었어요!), 그리고 (티는 나지 않지만) 5kg나 살이 빠지게 해준 이 책에 감사합니다.

책의 스타일링을 맡아준 샤를로트 바니에, 늘 멋진 사진을 도와준 파브리스 베스, 그리고 재능이 넘치는 훌륭한 아트 디렉터 클로에와 모르간 씨에게 감사합니다. 특히 함께 일하는 시간이 너무 즐거웠던 쥘리 코트 씨, (지난번 저서 『Mes petites bricoles(나만의 소품집)』에서 감사의 말을 전하지 못했던 것까지) 두 배로 감사한 마음을 전합니다. 그녀를 통해 소개받아, 전화로 몇 시간이고 도움을 주셨던 마리 피에로니 씨에게도 감사의 말씀드립니다.

여러분이 없었다면 이 책은 나오지 못했을 거예요!

아울러, 사탕 쿠션에 '카랑바(Carambar)' 상품명을 쓰도록 허락해주신 캐드베리(Cadbury)사와 사진 모델로 기꺼이 참여해주신 오렐리 에메(Aurélie Aimé) 씨에게도 감사의 말씀드립니다.

유용한 해외 판매처 주소

www.bergeredefrance.fr
- 뜨개실: 베르제르(Bergère)사

www.linnamorata.com
- 깨물어 먹고 싶은 가방(30쪽). 면(포플린) 소재 체크무늬 천

www.ikea.com/fr
- 빈티지 램프(44쪽): 탁상용 램프(Lampan)
- 케이크 받침(66쪽): 받침용 유리잔(캔들 홀더 Galej)
- 체크무늬 의자 커버(88쪽): 의자(Bosse)

www.moleskine.com
- 다이어리 커버(32, 132쪽): 다이어리(몰스킨 13×21cm)

isabellekessedjian.blogspot.com
- 이자벨 케세지앙 블로그. 창의력과 생동감으로 빛나는 작가의 세계를 만날 수 있습니다. 손뜨개 릴레이에도 참여해보세요.

◆ 이 책의 저자가 작품을 만들 때 사용한 베르제르(Bergère de France) 실은 현재 우리나라에서 구할 수 없는 실이므로 독자가 직접 실을 선택하여 만들기 불편할 경우를 대비하여 대체 실을 아래와 같이 알립니다. 대체 실로 떴을 경우 책과는 다소 차이가 있을 수 있습니다.

작품명	Bergère de France			대체 실	
	실 이름	코바늘 호수	색상	실 이름 (제조사/제조국)	색상
다이어리 커버	Idéal	3.5mm(6호)	Linaire(하늘색)	Hera Wool(국산)	11번 연하늘
깨물어 먹고 싶은 가방	Idéal	3mm(5호)	Pavot(빨간색)	Hera Wool(국산)	51번 다홍
			Meije(아이보리색)	Hera Wool(국산)	1번 백아이보리
			Gerbille(갈색)	Hera Wool(국산)	37번 갈색
			Fougère(녹색)	Hera Wool(국산)	17번 다크민트
케이크 받침	Coton Fifty	3mm(5호)	Aigue marine(민트색)	Hera Wool(국산)	11번 연하늘
완두 콩깍지	Origin Soie	3mm(5호)	Plaisir(초록색)	Hera Wool(국산)	17번 다크민트
소꿉놀이용 컵케이크	Coton Fifty (컵케이크 바닥)	3.5mm(6호) * 2겹 사용	Ficelle(베이지색)	Hera Wool(국산)	24번 연베이지
구급약 가방	Coton Fifty	3mm(5호)	Écoton(빨간색)	Hera Wool(국산)	51번 다홍
			Nigelle(하늘색)	Hera Wool(국산)	11번 연하늘
건강 수첩 커버	Sirene	3mm(5호)	Vermillon(빨간색)	Hera Wool(국산)	6번 빨강
			Nénuphar (흰색)	Hera Wool(국산)	1번 백아이보리
집에서 즐기는 페탕크	Barisienne	3mm(5호)	Mélisse(흰색)	Hera Wool(국산)	1번 백아이보리
			Méthylène(파란색)	Hera Wool(국산)	35번 파랑
			Géranium(빨간색)	Hera Wool(국산)	6번 빨강
곰돌이가 아파요	Coton Fifty	3mm(5호)	Nougat(아이보리색)	Hera Wool(국산)	1번 백아이보리
			Écoton(빨간색)	Hera Wool(국산)	6번 빨강
			Aigue marine(민트색)	Hera Wool(국산)	11번 연하늘
			Ficelle(베이지색)	Hera Wool(국산)	12번 베이지그레이

— 실 정보 제공, 니뜨(www.knitt.co.kr) —

◆ 이 책의 저자가 작품을 만들 때 사용한 베르제르(Bergère de France) 실은 현재 우리나라에서 구할 수 없는 실이므로 독자가 직접 실을 선택하여 만들기 불편할 경우를 대비하여 대체 실을 아래와 같이 알립니다. 대체 실로 떴을 경우 책과는 다소 차이가 있을 수 있습니다.

| 작품명 | Bergère de France | | | 대체 실 | |
	실 이름	코바늘 호수	색상	실 이름 (제조사/제조국)	색상
시장 가는 길	Barisienne	6mm(10호) *2겹 사용	Menthol(민트색)	Happy(오스트레일리아)	827
			Géranium(빨간색)	몽블랑(국산)	15
				빈센트 로트렉(국산)	120
			Jardin(녹색)	몽블랑(국산)	25
				빈센트 리치(국산)	90
	Sonora	4mm(7호)	Écorce(연갈색)	몽블랑(국산)	17
				빈센트 리치(국산)	56
체리 참 장식	Barisienne	4mm(7호)	Géranium(빨간색)	몽블랑(국산)	15
				빈센트 로트렉(국산)	120
			Jardin(녹색)	몽블랑(국산)	25
				빈센트 리치(국산)	90
	Sonora	4mm(7호)	Écorce(베이지색)	몽블랑(국산)	17
				빈센트 리치(국산)	56
집 모양 열쇠고리	Coton Fifty	4mm(7호)	Écarlate(빨간색)	몽블랑(국산)	15
				빈센트 로트렉(국산)	120
			Nougat(아이보리색)	빈센트 로트렉(국산)	110
물방울무늬 가방	Barisienne	6mm(10호) *2겹 사용	Verdure(청록색)	빈센트 로트렉(국산)	136
				빈센트 리치(국산)	92
다이어리 커버	Idéal	3.5mm(6호)	Linaire(하늘색)	Happy(오스트레일리아)	827
꺼물어 먹고 싶은 가방	Sport	6mm(10호)	Laurier(카키색)	빈센트 로트렉(국산)	134
	Idéal	3mm(5호)	Pavot(빨간색)	몽블랑(국산)	15
				빈센트 로트렉(국산)	120
			Meije(아이보리색)	몽블랑(국산)	1
			Gerhille(갈색)	빈센트 로트렉(국산)	121
			Fougère(녹색)	빈센트 리치(국산)	95
빈티지 램프	Barisienne	4mm(7호)	Géranium(빨간색)	몽블랑(국산)	15
				빈센트 로트렉(국산)	120
			Nérine(진분홍색)	빈센트 리치(국산)	73
				Happy(오스트레일리아)	804
			Guimave(연분홍색)	빈센트 리치(국산)	70
				몽블랑(국산)	5
	Sport	4mm(7호)	Aigrette(흰색)	몽블랑(국산)	1

제품	실	게이지	색상	브랜드	사용량
따뜻한 바닥 매트	Barisienne	8mm * 2겹 사용	Géranium(빨간색)	몽블랑(국산)	15
				빈센트 로트렉(국산)	120
			Nérine(진분홍색)	빈센트 리치(국산)	73
				Happy(오스트레일리아)	804
			Guimave(연분홍색)	빈센트 리치(국산)	70
				몽블랑(국산)	5
볼링 세트	Sonora	4mm(7호)	Éclat(흰색)	몽블랑(국산)	1
			Onde(하늘색)	–	–
	Barisienne	4mm(7호)	Géranium(빨간색)	몽블랑(국산)	15
				빈센트 로트렉(국산)	120
코바늘로 만든 집	Sport	4mm(7호)	Tatou(베이지색)	빈센트 리치(국산)	56
				몽블랑(국산)	17
			Corrida(빨간색)	몽블랑(국산)	15
				빈센트 로트렉(국산)	120
카랑바 사탕 쿠션	Sport	6mm(10호)	Mahonia(노란색)	몽블랑(국산)	3
			Aigrette(흰색)	빈센트 리치(국산)	52
				빈센트 로트렉(국산)	110
	Idéal	6mm(10호) * 2겹 사용	Pavot(빨간색)	몽블랑(국산)	15
				빈센트 로트렉(국산)	120
케이크 받침	Coton Fifty	3mm(5호)	Aigue marine (민트색)	–	–
사랑의 사과	Barisienne	4mm(7호)	Géranium(빨간색)	몽블랑(국산)	15
				빈센트 로트렉(국산)	120
	Origin Soie	4mm(7호)	Plasir(초록색)	빈센트 리치(국산)	94
				Happy(오스트레일리아)	814
			Désir(갈색)	빈센트 로트렉(국산)	132
채소밭에서 따온 접시 받침	Barisienne	4mm(7호)	Jardin(녹색)	빈센트 리치(국산)	93
				Happy(오스트레일리아)	814
	Magic+	4mm(7호)	Anis(연두색)	빈센트 리치(국산)	90
완두 콩깍지	Origin Soie	3mm(5호)	Plaisir(초록색)	빈센트 리치(국산)	93
				Happy(오스트레일리아)	814
소꿉놀이용 컵케이크	Idéal (컵케이크, 쟁반 모티브)	4mm(7호)	Gélule(연분홍색)	Happy(오스트레일리아)	802
				빈센트 리치(국산)	68
				헤라 코튼(국산)	204
			Hortensia (진분홍색)	빈센트 리치(국산)	72
			Danseuse (연보라색)	–	–
	Sonora(바구니)	4mm(7호)	Écorce(연갈색)	빈센트 리치(국산)	56
	Magic+(뚜껑)	4mm(7호)	Rosée(연분홍색)	–	–
	Sport(테두리, 프릴 장식)	6mm(10호)	Algrette(흰색)	몽블랑(국산)	1
	Barisienne(체리 장식)	4mm(7호)	Géranium (빨간색)	몽블랑(국산)	15
				빈센트 리치(국산)	74
	Coton Fifty (컵케이크 바닥)	3.5mm(6호) * 2겹 사용	Ficelle(베이지색)	몽블랑(국산)	27

작품	실 종류	바늘	색상	브랜드	사용량
체크무늬 의자 커버	Idéal	4mm(7호) *2겹 사용	Hortensia(진분홍색)	빈센트 리치(국산)	72
			Pavot(빨간색)	빈센트 리치(국산)	74
			Éverest(흰색)	빈센트 리치(국산)	52
			Linaire(하늘색)	빈센트 리치(국산)	92
구급약 가방	Coton Fifty	3mm(5호)	Écarlate(빨간색)	몽블랑(국산)	15
				빈센트 리치(국산)	74
			Nigelle(하늘색)	−	−
건강 수첩 커버	Sirene	3mm(5호)	Vermillon(빨간색)	몽블랑(국산)	15
				빈센트 리치(국산)	74
			Nénuphar (흰색)	몽블랑(국산)	1
귀여운 덧양말	Barisienne	4mm(7호)	Pilote(파란색)	Happy(오스트레일리아)	806
			Géranium(빨간색)	몽블랑(국산)	15
				빈센트 리치(국산)	74
			Igloo(흰색)	몽블랑(국산)	1
예뻐 보이고 싶을 때	Barisienne	6mm(10호) *2겹 사용	Cordiérite (파란색)	몽블랑(국산)	12
집에서 즐기는 페탕크	Barisienne	3mm(5호)	Mélisse(흰색)	몽블랑(국산)	1
			Méthylène(파란색)	몽블랑(국산)	11
			Géranium(빨간색)	몽블랑(국산)	15
				빈센트 리치(국산)	74
병원놀이 의사 가방	Sport	4mm(7호)	Corrida(빨간색)	빈센트 리치(국산)	71
곰돌이가 아파요	Coton Fifty	3mm(5호)	Nougat(아이보리색)	몽블랑(국산)	21
				Happy(오스트레일리아)	801
			Écarlate(빨간색)	몽블랑(국산)	15
				빈센트 리치(국산)	74
			Aigue marine(민트색)	몽블랑(국산)	33
			Ficelle(베이지색)	몽블랑(국산)	36
				빈센트 리치(국산)	56
장난감 가방	Barisienne	6mm(10호)	Cordiérite(파란색)	몽블랑(국산)	12
			Mélisse(흰색)	빈센트 리치(국산)	52
				몽블랑(국산)	1
			Géranium(빨간색)	빈센트 리치(국산)	74
				빈센트 로트렉(국산)	120
나를 위한 마지막 작품(다이어리 커버)	Origin Merinos'	4mm(7호)	Cocon(흰색)	빈센트 로트렉(국산)	110
			Câlin(분홍색)	빈센트 리치(국산)	70
				몽블랑(국산)	28
			Ferveur(주황색)	빈센트 리치(국산)	71
			Flamme(빨간색)	빈센트 리치(국산)	74

− 실 정보 제공. 니트러브(www.knitlove.co.kr) −

◆ 이 책의 저자가 작품을 만들 때 사용한 베르제르(Bergère de France) 실은 현재 우리나라에서 구할 수 없는 실이므로 독자가 직접 실을 선택하여 만들기 불편할 경우를 대비하여 대체 실을 아래와 같이 알립니다. 대체 실로 떴을 경우 책과는 다소 차이가 있을 수 있습니다.

작품명	Bergère de France			대체 실	
	실 이름	코바늘 호수	색상	실 이름(제조사/제조국)	색상
시장 가는 길	Barisienne	6mm(10호) *2겹 사용	Menthol(민트색)	하이소프트(국산)	85번 스카이블루
				Cabotine(필다르/프랑스)	14번 아쿠아블루
				Phil Thalassa(필다르/프랑스)	25번 블루그린
			Géranium(빨간색)	Dollymix DK(킹콜/영국)	09번 레드
			Jardin(녹색)	Dollymix DK(킹콜/영국)	39번 그린
	Sonora	4mm(7호)	Écorce(연갈색)	AVISO(필다르/프랑스)	002번 라이트브라운
				하이소프트(국산)	90번 베이지
체리 참 장식	Barisienne	4mm(7호)	Géranium(빨간색)	Dollymix DK(킹콜/영국)	09번 레드
			Jardin(녹색)	Dollymix DK(킹콜/영국)	39번 그린
	Sonora	4mm(7호)	Écorce(베이지색)	AVISO(필다르/프랑스)	002번 라이트브라운
집 모양 열쇠고리	Coton Fifty	4mm(7호)	Écarlate(빨간색)	Phil Coton 3(필다르/프랑스)	84번 레드
				Partner 3.5(필다르/프랑스)	84번 레드
				Dollymix DK(킹콜/영국)	09번 레드
			Nougat(아이보리색)	Phil Coton 3(필다르/프랑스)	03번 화이트
				Partner 3.5(필다르/프랑스)	132번 아이보리
				Dollymix DK(킹콜/영국)	01번 화이트
물방울무늬 가방	Barisienne	6mm(10호) *2겹 사용	Verdure(청록색)	Cabotine(필다르/프랑스)	14번 아쿠아블루
				Phil Thalassa(필다르/프랑스)	25번 블루그린
				하이소프트(국산)	85번 스카이블루
다이어리 커버	Idéal	3.5mm(6호)	Linaire(하늘색)	하이소프트(국산)	67번 라이트스카이블루
				Partner 3.5(필다르/프랑스)	07번 화이트블루
깨물어 먹고 싶은 가방	Sport	6mm(10호)	Laurier(카키색)	Partner 6(필다르/프랑스)	36번 카키
				Zara(필라투라 디 크로사/이탈리아)	1781번 연카키
	Idéal	3mm(5호)	Pavot(빨간색)	Partner 3.5(필다르/프랑스)	84번 레드
			Meije(아이보리색)	Partner 3.5(필다르/프랑스)	132번 아이보리
			Gerbille(갈색)	Partner 3.5(필다르/프랑스)	17번 다크브라운
			Fougère(녹색)	Partner 3.5(필다르/프랑스)	36번 다크그린
빈티지 램프	Barisienne	4mm(7호)	Géranium(빨간색)	Partner 3.5(필다르/프랑스)	84번 레드
				Dollymix DK(킹콜/영국)	09번 레드
				Sublime DK(서다/영국)	167번 레드
			Nérine(진분홍색)	Partner 3.5(필다르/프랑스)	18번 핑크
				Dollymix DK(킹콜/영국)	77번 핫핑크
				Sublime DK(서다/영국)	196번 진핑크

제품	실	굵기	색상	실 브랜드	색번호
			Guimave(연분홍색)	Partner 3.5(필다르/프랑스)	04번 라이트핑크
				Dollymix DK(킹콜/영국)	06번 연핑크
				Sublime baby(서다/영국)	01번 베이비핑크
	Sport	4mm(7호)	Aigrette(흰색)	Dollymix DK(킹콜/영국)	01번 화이트
따뜻한 바닥 매트	Barisienne	8mm *2겹 사용	Géranium(빨간색)	Partner 3.5(필다르/프랑스)	84번 레드
				Dollymix DK(킹콜/영국)	09번 레드
				Sublime DK(서다/영국)	167번 레드
			Nérine(진분홍색)	Partner 3.5(필다르/프랑스)	18번 핑크
				Dollymix DK(킹콜/영국)	77번 핫핑크
				Sublime DK(서다/영국)	196번 진핑크
			Guimave(연분홍색)	Partner 3.5(필다르/프랑스)	04번 라이트핑크
				Dollymix DK(킹콜/영국)	06번 연핑크
				Sublime baby(서다/영국)	01번 베이비핑크
볼링 세트	Sonora	4mm(7호)	Éclat(흰색)	Phil Thalassa(필다르/프랑스)	10번 화이트
				Cabotine(필다르/프랑스)	4번 화이트
			Onde(하늘색)	Phil Thalassa(필다르/프랑스)	25번 스카이블루
				Cabotine(필다르/프랑스)	14번 아쿠아블루
	Barisienne	4mm(7호)	Géranium(빨간색)	Dollymix DK(킹콜/영국)	09번 레드
코바늘로 만든 집	Sport	4mm(7호)	Tatou(베이지색)	Zara Plus (필라투라 디 크로사/이탈리아)	1963번 라이트베이지
				Zarella (필라투라 디 크로사/이탈리아)	34번 아이보리
			Corrida(빨간색)	Zara Plus (필라투라 디 크로사/이탈리아)	26번 레드
				Zarella (필라투라 디 크로사/이탈리아)	245번 레드
카랑바 사탕 쿠션	Sport	6mm(10호)	Mahonia(노란색)	Zara (필라투라 디 크로사/이탈리아)	1913번 옐로우
			Aigrette(흰색)	Zarella (필라투라 디 크로사/이탈리아)	34번 아이보리
				Partner 3.5(필다르/프랑스)	132번 아이보리
	Idéal	6mm(10호) *2겹 사용	Pavot(빨간색)	Partner 3.5(필다르/프랑스)	84번 레드
케이크 받침	Coton Fifty	3mm(5호)	Aigue marine (민트색)	Cabotine(필다르/프랑스)	01번 화이트블루
				Partner 3.5 (필다르/프랑스)	152번 에메랄드
				Phil Coton 3(필다르/프랑스)	58번 에메랄드
사랑의 사과	Barisienne	4mm(7호)	Géranium(빨간색)	Dollymix DK(킹콜/영국)	09번 레드
				Zara Plus(필라투라 디 크로사/이탈리아)	26번 레드
	Origin Soie	4mm(7호)	Plasir(초록색)	Dollymix DK(킹콜/영국)	39번 그린
				Zara Plus (필라투라 디 크로사/이탈리아)	409번 옐로우그린
			Désir(갈색)	Partner 3.5(필다르/프랑스)	17번 다크브라운

작품	도안	바늘	색상	실	색번호
채소밭에서 따온 접시받침	Barisienne	4mm(7호)	Jardin(녹색)	Zara Plus (필라투라 디 크로사/이탈리아)	441번 그린
	Magic+	4mm(7호)	Anis(연두색)	Dollymix DK(킹콜/영국)	275번 라임
				Zara Plus (필라투라 디 크로사/이탈리아)	409번 옐로우그린
완두 콩깍지	Origin Soie	3mm(5호)	Plaisir(초록색)	Phil Coton 3(필다르/프랑스)	59번 소프트그린
소꿉놀이용 컵케이크	Idéal (컵케이크, 쟁반 모티브)	4mm(7호)	Gélule(연분홍색)	Sublime Baby(서다/영국)	346번 파스텔바이올렛
				Partner 3.5(필다르/프랑스)	04번 라이트핑크
				Sublime DK(서다/영국)	196번 진핑크
			Hortensia (진분홍색)	Partner 3.5(필다르/프랑스)	18번 핑크
				Sublime Baby(서다/영국)	01번 베이비핑크
			Danseuse (연보라색)	Partner3.5(필다르/프랑스)	30번 미스티로즈
				Cabotine(필다르/프랑스)	17번 피치핑크
	Sonora(바구니)	4mm(7호)	Écorce(연갈색)	Cabotine(필다르/프랑스)	07번 베이지
				AVISO(필다르/프랑스)	114번 라이트카키
	Magic+(뚜껑)	4mm(7호)	Rosée(연분홍색)	Cabotine(필다르/프랑스)	06번 피치
	Sport (테두리, 프릴 장식)	6mm(10호)	Algrette(흰색)	Dollymix DK(킹콜/영국)	01번 화이트
	Barisienne (체리 장식)	4mm(7호)	Géranium (빨간색)	Dollymix DK(킹콜/영국)	09번 레드
	Coton Fifty (컵케이크 바닥)	3.5mm(6호) *2겹 사용	Ficelle(베이지색)	Cabotine(필다르/프랑스)	07번 베이지
체크무늬 의자 커버	Idéal	4mm(7호) *2겹 사용	Hortensia(진분홍색)	Partner 3.5(필다르/프랑스)	18번 핑크
			Pavot(빨간색)	Partner 3.5(필다르/프랑스)	84번 레드
			Éverest(흰색)	Partner 3.5(필다르/프랑스)	10번 화이트
			Linaire(하늘색)	Partner 3.5(필다르/프랑스)	07번 화이트블루
구급약 가방	Coton Fifty	3mm(5호)	Écarlate(빨간색)	Phil Coton 3(필다르/프랑스)	84번 레드
			Nigelle(하늘색)	Phil Coton 3(필다르/프랑스)	58번 에메랄드
				하이소프트(국산)	67번 라이트스카이블루
건강 수첩 커버	Sirene	3mm(5호)	Vermillon(빨간색)	라푼젤(국산)	05번 레드
			Nénuphar (흰색)	라푼젤(국산)	01번 화이트
귀여운 덧양말	Barisienne	4mm(7호)	Pilote(파란색)	Dollymix DK(킹콜/영국)	21번 블루
			Géranium(빨간색)	Dollymix DK(킹콜/영국)	09번 레드
			Igloo(흰색)	Dollymix DK(킹콜/영국)	01번 화이트
예뻐 보이고 싶을 때	Barisienne	6mm(10호) *2겹 사용	Cordiérite (파란색)	하이소프트(국산)	45번 블루
				Cabotine(필다르/프랑스)	19번 블루
집에서 즐기는 페팅크	Barisienne	3mm(5호)	Mélisse(흰색)	Dollymix DK(킹콜/영국)	01번 화이트
			Méthylène(파란색)	Dollymix DK(킹콜/영국)	21번 블루
			Géranium(빨간색)	Dollymix DK(킹콜/영국)	09번 레드
병원놀이 의사 가방	Sport	4mm(7호)	Corrida(빨간색)	Zara (필라투라 디 크로사/이탈리아)	1912번 레드
				Dollymix DK(킹콜/영국)	09번 레드

곰돌이가 아파요	Coton Fifty	3mm(5호)	Nougat (아이보리색)	Partner 3.5(필다르/프랑스)	132번 아이보리
			Écarlate(빨간색)	Phil Coton 3(필다르/프랑스)	84번 레드
			Aigue marine (민트색)	Phil Coton 3(필다르/프랑스)	58번 에메랄드
			Ficelle(베이지색)	Phil Coton 3(필다르/프랑스)	04번 라이트그레이
				하이소프트(국산)	90번 베이지
장난감 가방	Barisienne	6mm(10호)	Cordiérite(파란색)	Dollymix DK(킹콜/영국)	21번 블루
			Mélisse(흰색)	Dollymix DK(킹콜/영국)	01번 화이트
			Géranium(빨간색)	Dollymix DK(킹콜/영국)	09번 레드
나를 위한 마지막 작품 (다이어리 커버)	Origin Merinos'	4mm(7호)	Cocon(흰색)	Zara (필라투라 디 크로사/이탈리아)	1401번 백아이보리
			Câlin(분홍색)	Sublime Baby(서다/영국)	48번 핑크
			Ferveur(주황색)	Sublime Baby(서다/영국)	158번 라이트다홍
			Flamme(빨간색)	Zara (필라투라 디 크로사/이탈리아)	1912번 레드

– 실 정보 제공. 바늘이야기(www.banul.co.kr) –